우리고전 100선 04

우주의 눈으로 세상을 보다─홍대용 선집

우리고전 100선 04

우주의 눈으로 세상을 보다—홍대용 선집

2006년 11월 27일 초판 1쇄 발행
2018년 10월 15일 초판 5쇄 발행

편역	김아리
기획	박희병
펴낸이	한철희
펴낸곳	돌베개
책임편집	이경아 이혜승
편집	김희동 윤미향 서민경 김희진
디자인	박정은 이은정 박정영
디자인기획	민진기디자인
표지그림	전갑배(일러스트레이터, 서울시립대학교 시각디자인대학원 교수)

등록	1979년 8월 25일 제406-2003-000018호
주소	(10881) 경기도 파주시 회동길 77-20 (문발동)
전화	(031) 955-5020
팩스	(031) 955-5050
홈페이지	www.dolbegae.co.kr
전자우편	book@dolbegae.co.kr

ⓒ김아리, 2006

ISBN 89-7199-254-9 04810
ISBN 89-7199-250-6 (세트)

이 책에 실린 글의 무단 전재와 복제를 금합니다.
책값은 뒤표지에 있습니다.
이 도서의 국립중앙도서관 출판시도서목록(CIP)은
e-CIP 홈페이지(http://www.nl.go.kr/cip.php)에서
이용하실 수 있습니다. (CIP제어번호:CIP2006002499)

우리고전 100선 04

우주의 눈으로 세상을 보다
―
홍대용 선집

김아리 편역

간행사

지금 세계화의 파도가 높다. 현재 진행되고 있는 세계화는 비단 '자본'의 문제이기만 한 것이 아니라, '문화'와 '정신'의 문제이기도 하다. 그 점에서, 세계화에 어떻게 대응할 것인가 하는 것은 우리의 생존이 걸린 사활적(死活的) 문제인 것이다. 이 총서는 이런 위기의식에서 기획되었으니, 세계화에 대한 문화적 방면에서의 주체적 대응이랄 수 있다.

생태학적으로 생물다양성의 옹호가 정당한 것처럼, 문화다양성의 옹호 역시 정당한 것이며 존중되지 않으면 안 된다. 그럼에도 세계화의 추세 속에서 문화다양성은 점점 벼랑 끝으로 내몰리고 있는 것처럼 보인다. 하지만 문화적 다양성 없이 우리가 온전하고 행복한 삶을 살 수 있겠는가. 동아시아인, 그리고 한국인으로서의 문화적 정체성은 인권(人權), 즉 인간권리의 문제이기도 하기 때문이다. 그래서 우리 고전에 대한 새로운 조명과 관심의 확대가 절실히 요망된다.

우리 고전이란 무엇을 말함인가. 그것은 비단 문학만이 아니라, 역사와 철학, 예술과 사상을 두루 망라한다. 그러므로 일반적으로 알려져 있는 것보다 훨씬 광대하고, 포괄적이며, 문제적이다.

하지만, 고전이란 건 따분하고 재미없지 않은가? 이런 생각의 상당 부분은 편견일 수 있다. 그리고 이런 편견의 형성에는 고전을 연구하는 사람들에게 큰 책임이 있다. 시대적 요구에 귀 기울이지 않은 채 딱딱하고 난삽한 고전 텍스트를 재생산해 왔으니까. 이런 점을 자성하면서 이 총서는 다음의 두 가지 점에 특히 유의하고자 한다. 하나는, 권위주의적이고 고지식한 고전의 이미지를 탈피하는 것. 둘은, 시대적 요구를 고려한다는 그럴 듯한 명분을 내세워 상업주의에 영합한 값싼 엉터리 고전책을 만들지 않도록 하는 것. 요컨대, 세계시민의 일원인 21세기 한국인이 부담감 없이 '쉽게' 접근할 수 있는, 그러면서도 품격과 아름다움과 깊이를 갖춘 우리 고전을 만드는 게 이 총서가 추구하는 기본 방향이다. 이를 위해 이 총서는, 내용적으로든 형식적으로든, 기존의 어떤 책들과도 구별되는 여러 가지 모색을 시도하고 있다. 그리하여 고등학생 이상이면 읽고 이해할 수 있도록 번역에 각별히 신경을 쓰고, 작품에 간단한 해설을 붙이기도 하는 등, 독자의 이해를 돕고자 하였다.

특히 이 총서는 좋은 선집(選集)을 만드는 데 큰 힘을 쏟고자 한다. 고전의 현대화는 결국 빼어난 선집을 엮는 일이 관건이자 종착점이기 때문이다. 이 총서는 지난 20세기에 마련된 한국 고전의 레퍼토리를 답습하지 않고, 21세기적 전망에서 한국의 고전을 새롭게 재구축하는 작업을 시도할 것이다. 실로 많은 난관이 예상된다. 하지만 최선을 다해 앞으로 나아가고자 한다. 그리하여 비록 좀 느리더라도 최소한의 품격과 질적 수준을 '끝까지' 유지하고자 한다. 편달과 성원을 기대한다.

박희병

책 머리에

최근 우주생물학(astrobiology)이라는 새로운 과학이 주목받고 있다. 우주생물학의 기본 입장은 '우주의 눈'으로 지구의 생명과 인간을 다시 보자는 것이다. 물론 이러한 사고의 경향은 역사 속에서 간간이 그 단초를 보이는 경우가 있었다. 그 중 18세기 홍대용이 보여 준 관점은 21세기를 위한 새로운 전망을 세우는 데 큰 도움을 준다.

'우주의 눈'으로 본다는 것은 만물과 세상에 대해 주관적 편견을 제거하고 공평무사하게 우주적 관점에서 세상의 실상을 보려고 하는 것을 의미한다. 홍대용은 당시 성리학 일변도의 학문 풍토에서 벗어나 자연과학과 천문학에 관심을 가지고 '지구지전설'과 '우주무한설'을 주창했다. 이와 같은 지구와 우주에 대한 새로운 발견은 세상에 대한 새로운 인식으로 이어졌다.

20세기 중반에 인류는 처음으로 지구를 떠나 우주 공간에서 지구를 바라보게 되었다. 당시 미국과 소련 등의 우주비행사들은 대개 애국심이 투철한 군인들이었다. 그러나 우주 공간에 조그마하게 떠 있는 지구를 본 그들은 한결같이 국경이니 전쟁이니 하는 것이 얼마나 어리석은가 하는 생각을 하게 되었다고 한다.

18세기의 홍대용은 이미 자신의 천문학적 성과를 바탕으로 이와 유사한 생각을 개진하고 있다. 작은 지구의 한편에 있는 동아시아에서 중화니 오랑캐니 하며 국가·민족을 상하우열로 구분하는

'화이론'(華夷論)이 가진 허구성을 간파했던 것이다. 이러한 인식은 오늘날 불평등한 세계화의 문제, 국가·민족 간의 끊이지 않는 불화와 전쟁에 대해서도 매우 유효한 '평등과 평화'의 메시지를 전달한다.

　홍대용 사상에서 또 하나 중요한 지점은 생태주의적 관점이다. 홍대용은 당시 '만물 중 인간이 최고'라는 유학의 인간중심적 사고에서 벗어나 자연과 인간을 재조명하여 '하늘의 입장에서 보면 사람과 만물은 모두 균등하다'고 주장했다. '하늘의 입장'이란 곧 '우주의 관점'을 말한다. 홍대용의 이러한 생각은 인간의 입장에서만 자연 만물을 보는 사고에서 탈피해 전체 자연 속에서의 인간을 보도록 만든다. 또 자연과 인간이 각기 동등한 가치를 지니며 지구 전체 생태계 속에서 공존공생해야 하는 존재라는 점을 인식하게 해 준다.

　이상과 같은 의미에서 홍대용의 글은 18세기 고전이지만 21세기를 위한 텍스트로서도 대단히 의미 깊다. 이 선집이 홍대용의 진수를 이해하는 데 작은 도움이 되었으면 한다.

2006년 11월
김아리

차례

004 간행사
006 책머리에

233 해설
254 홍대용 연보
256 작품 원제
258 찾아보기

진정한 선비

- 017 자신을 경계하라
- 024 진정한 선비
- 027 독서의 방법
- 034 스승 김원행
- 036 '혼천의'를 만든 나경적 선생
- 039 악관 연익성

- 043 왕세손과의 대화

'나'와 동아시아에 대한 새로운 성찰

- 065 있는 그대로의 중국을 보자
- 069 '오랑캐'에 대하여
- 073 일본도 성인의 나라다
- 075 우리나라의 노래
- 079 금강산이 아니라 바다를 보라

실학의 모색

083 쓸데없는 연구, 쓸데없는 저술들
090 숲 아래서의 경륜
099 천문 기구 '혼천의'

중국 벗들과의 교류

107 기이한 만남
120 선비의 사귐에 대하여
122 독서
129 10년 만에 도착한 편지
137 양명학의 의의
141 모든 사상은 마음을 맑게 하고 세상을 구제한다는 점에서 합치한다
143 이단의 학문에 대하여
147 중국의 세 벗

중국 견문기

- 153 서양과의 만남
- 169 관상대
- 172 북경의 유리창
- 174 중국의 시장
- 179 중국의 기계 제도

허자, 의무려산에서 실옹을 만나다:
새로운 세계관의 모색

- 189 의무려산으로 간 허자
- 198 사람과 만물은 평등하다
- 203 우주와 지구에 대한 새로운 인식
- 218 자연과 문명
- 229 모든 민족은 평등하다

홍대용 선집 ─ 우주의 눈으로 세상을 보다

진정한 선비

자신을 경계하라

부모 앞에서는 반드시 유순해야 한다. 감히 언성을 높이거나 마음 내키는 대로 웃지 말며, 큰 소리로 책망하거나 눈물을 흘리지 말며, 원망을 품거나 성내지 말며, 음식을 극진하게 봉양하고 병이 드셨을 땐 지극하게 근심하며, 하시고자 하는 대로 받들어 따르고 싫어하시는 것은 없애도록 한다.

아아, 나를 낳으시고 나를 기르시고 나를 가르치시느라 얼마나 힘드셨겠는가! 내가 이 세상에 나와 아내와 자식을 두고, 배불리 먹고 따뜻하게 입으며 안락하게 사는 것은 과연 누가 그렇게 만들어 주셨는가? 이런 것을 잊고 부모 섬길 줄 모르는 자는 말할 필요가 없다. 섬긴다 해도 제때에 하지 못하거나, 제때에 맞게 섬겨도 도리를 다하지 못한다. 세월이 가면 어버이는 돌아가신다. 인생이란 다시 오지 않으니 결국 은혜를 갚을 길이 없다. 이것을 마음 깊이 새겨야 한다.

부부가 같이 자는 것은 도(道)와 학문의 시작이라고 할 수 있다. 그런데 남들 앞에서는 옛 도(道)를 배운다며 무릎을 모으고 앉아 있지만 어두운 방에 들어가서는 짐승처럼 행동한다면,

이것은 자신을 속이고 남을 속이는 것이니 이보다 큰 부끄러움이 있겠는가? 온화하고 서로 공경하는 부부간의 도리는 시간이 갈수록 즐거움이 커지지만, 방자하고 음탕한 정욕은 한 번의 실수라도 후회가 생긴다.

(후략)

나는 형제가 없으므로 형제간에 적자·서자를 구별하지 않는다. 잘못이 있어도 부드러운 말로 가르치고 훈계한다. 너무 심하게 꾸짖고 화를 내서 원망하게 하거나 가족의 화목을 잃게 해서는 안 된다. 그리하면 후회가 클 것이니 이것을 가장 명심해야 한다. 또한 여러 사촌 형제들간은 사랑하고 화목해야 하며 절대 시기하지 말아야 한다. 허물이 있으면 온화한 말로 경계하고, 좋은 일을 보면 자기 일처럼 기뻐해야 한다. 친척 사이가 도타워서 잘못되는 일은 드무니, 순수하고 두터운 인정으로 친밀하게 대해야 한다.

집안 어른을 모실 때는 공손해야 한다. 함부로 성함을 불러서는 안 되고, 뵈면 절한 뒤 꿇어앉아야 한다. 항렬이 높은 일가 친척에게는 촌수가 멀고 나이가 어려도 길에서 만나면 반드시 말에서 내려야 한다. 비록 가난하고 천한 시골 사람일지라도 항렬이 위면 공경해야 한다. 거만하게 말하며 업신여겨서는 안 된다. 만약 지위가 미천하고 좋은 평판도 없고, 또 대대로 직분도 없는 경우에는 꼭 아버지뻘로 대하지 않아도 된다. 이런 것은 때에 따라 적절하게 하면 된다. 다만 자신을 낮추고 남을 높이는 마음을 가져야 잘못이 적을 것이다.

우리 집은 평소 화목하다는 말을 듣는다. 그런데 지금 각처에 퍼져 있는 여러 친족들 중에는 가난하고 보잘것없는 처지로서 제대로 생활을 할 수 없는 사람들이 많다. 자기 능력이 되는 대로 딱하게 여기며 구제하고, 결혼이나 초상이 있으면 마음을 다해 두루 도와야 할 것이다. 또 어리석은 사람은 불쌍히 여기고 착한 사람은 가상히 여기며, 몸과 이름을 아껴 보전하고 나쁜 짓을 부끄럽게 여기도록 해야 한다. 일가친척 간에도 촌수가 가깝거나 먼 데 따른 구별이 있고, 두텁게 쌓인 정에 차이가 있게 마련이다. 그러나 같은 뿌리에서 나온 자손이다. 더구나 우리 종족은 희소하다. 비록 촌수가 멀고 지위가 미천하다 해도 내치지 말고 서로 사랑하며, 화목을 숭상함으로써 우리 가문을 보호해야 할 것이다.

친구를 사귈 때는 반드시 진실해야 한다. 친구의 좋은 점을 보면 진심으로 기뻐하고 칭찬해야 한다. 친구의 나쁜 점을 보면 진심으로 걱정하고 충고해야 한다. 자기보다 나은 사람을 따르며 이끌어 주기를 부탁하고, 잘못을 지적당하면 반드시 고쳐야 한다. 그리고 친구와 토론할 때는 반드시 일상사나 심신이 편안한지부터 시작해야 한다. 세상 밖의 일이나 생명의 심오한 이치에 대해서는 절대 망령된 억측을 하거나 공허한 이야기로 치닫지 말아야 한다. 학문에 대해 설명하고 토론할 때는 마음을 비우고 침착하게 해야 하며 먼저 자기 의견부터 주장하지 말아야 한다. 비록 천하고 어리석은 사람의 말이라도 반드시 귀를 기울여 듣고 좋은 점은 받아들여야 한다.

  비록 웃어른 앞이라도 자기 의견은 분명히 해야 한다. 절대 어영부영하며 구차하게 찬동하면서 어른을 기만하지 말아야 한다. 상대에게 질병이 있거나 상을 당했을 때는 친분에 걸맞게 문병하거나 문상을 한다. 가난과 어려움을 겪고 있으면 힘을 다해 도와야 한다. 서로 올바른가를 보고 엄정한 태도로 이끌어야 한다. 만약 말하는 것이 진실하지 못하고 몸가짐도 조심하지 않는 사람이라면 가려서 만나고 자주 접해서는 안 된다.

  나의 문제점은 모든 사람을 좋아하는 것이다. 그러나 이것이 지나치면 나쁜 사람도 모두 착하다고 하거나, 좋은 사람도 모두 나쁘다고 하게 될 것이다. 두렵지 않을 수 없다. 나 자신이 착해야 좋은 사람을 좋아하고 나쁜 사람을 싫어하게 될 것이다. 그렇게 되면 착한 사람과는 저절로 가깝게 되고 나쁜 사람과는 저절로 멀어질 것이다. 다른 것이 있겠는가? 자기 자신을 돌아보며 반성해야 할 뿐이다.

    글을 읽을 때는 반드시 옷매무새를 단정히 하고, 얼굴은 엄숙하게 하고, 마음은 하나로 모으고, 기운은 가다듬고, 잡된 생각을 말며 선입견을 두지 말아야 한다. 자주 몸을 흔드는 사람은 생각이 짧아지고, 어지럽게 눈동자를 굴리는 사람은 마음이 뜨게 된다. 몸을 바로 세우고 눈동자를 안정되게 하면 마음도 경건해진다. 그렇게 하여 마음도 기르고 공부도 잘되면 일거양득이다.

    글을 읽을 때는 먼저 큰 뜻을 읽은 다음 자세히 연구해야 하며, 문장에만 얽매이지 말고 실제에 시행할 수 있는지 보아야 한다. 한 구절을 읽으면 반드시 이해해야 하며, 한 구절을 읽고 이해하면 반드시 실행해야 한다. 배운 것을 실행하면 지식과 실천이 함께 진전되는 것이다. 경전과 역사서 이외의 이단 서적은 반드시 단점을 버리고 장점만 취해서 읽어야 한다. 또 음란하고 이치에 맞지 않는 글은 공부에 방해되고 뜻을 잃게 하므로 절대 보지 말아야 한다.

공부할 땐 정숙하게 앉는 것이 제일이다. 몸을 깨끗이 하고 엄숙한 자세로 눈을 감은 채 팔짱을 끼고 사당에 있는 듯 부친을 대하는 듯 한다면 정신이 고요해지고 흐려지지 않을 것이다. (선가禪家에서는 눈 감는 것을 가장 꺼리는데, 정신이 혼미해져 잠이 올까 봐 그런 것이다. 이 또한 일리가 있으니 코끝을 내려다보면서 함부로 움직이지 않는 것도 좋은 방법이다.) 어떤 생각이 떠오르면 그 생각을 살펴서 옳지 않으면 끊어 버리고 옳으면 그대로 둔다. 그러다 보면 본래대로 차분해진다.

꿇어앉는다는 것이 비록 자기를 수련할 때 하는 작은 일이지만, 두 발을 쭉 펴고서 마음이 게을러지지 않는 사람은 없는 것이다. 그러니 마음을 바르게 하려면 반드시 꿇어앉는 것부터 시작해야 한다. 만약 피곤하다면 책상다리를 하고 앉을지라도 역시 자세를 단정히 해야지, 게을리 누워 몸가짐을 흐트러뜨리면 안 된다.

과거 시험을 위한 공부는 피할 수 없는 과정이지만 공부가 어느 정도 이루어지면 그만둬야 한다. 과거에 합격하기 위해 온 정신과 힘을 거기에 쏟아 붓느라 진정한 학문을 방해할 것이 아니다.

그릇된 방법으로 과거 시험의 명예를 구하는 것은 도둑질보다 추한 일이니 절대 경계해야 한다. 처음 출세할 때부터 도둑 같은 행동을 한다면 높은 관직에 오르고 싶을 때는 어떠하겠는가? 과거 시험의 부정에 비할 바가 아닐 것이다. 아마 남의 종기를 빨고 치질도 핥으며 아부할 것이니 장차 무슨 짓인들 못하겠는가?

한 나라의 도덕성은 개개인의 도덕적 실천으로 보장되는 것이다. 그런 의미에서 홍대용은 스스로를 엄격하게 경계하는 선비의 자세에 대해 이와 같은 글을 썼다. 부모 섬기는 도리, 부부지간에 공경하는 도리, 형제와 친척을 대하는 원칙, 벗 사귐의 태도, 공부의 자세 등이 항목별로 정리되어 있다.

진정한 선비

　세상에서 말하는 선비는 세 부류다. 경학(經學)을 하는 선비, 문장을 하는 선비, 과거 시험 공부하는 선비가 그것이다. 오늘날 재주 있는 선비라고 부르는 '재사'(才士)는 과거 시험을 치르기 위해 시와 문장을 공부하여 벼슬과 명예를 구하고자 애쓰는 사람이다. 이는 내가 말하려는 진정한 선비가 아니다. 문장을 하는 선비인 '문사'(文士)는 경전의 글귀를 따 쓰고, 반고와 사마천[1]의 말을 그대로 사용하여 쓸데없는 말을 꾸민다. 그리하여 당세에 추앙받고, 또 후세까지 명예가 이어지길 바란다. 이도 내가 말하려는 진정한 선비는 아니다. 경학을 하는 선비인 '경사'(經士)는 말이 고상하고 분명하며, 몸가짐도 단정하고 엄숙하다. 그리고 끊임없이 요순(堯舜) 시대의 정치와 공자와 맹자의 학설에 대해 이야기한다. 관리들은 그런 점을 보고 관직에 추천하니 점점 관직이 높아지고 봉급도 많아진다. 그러나 그들의 행실을 자세히 살펴보면 안으로는 어두운 곳에서도 속이지 않는 도덕이 없고, 밖으로는 세상을 다스릴 재주가 없으며, 속은 텅 비고 아무것도 없다. 그 역시 내가 말하고자 하는 진정한 선비가 아니다.
　내가 말하고자 하는 선비란 다음과 같아야 한다. 반드시 도

1_ 반고와 사마천 : 한나라 때의 역사학자들이다.

덕과 정의에 대해 깊이 생각하고 예법을 따른다. 대단한 부귀가 주어져도 그의 뜻은 흔들리지 않고, 고생스런 가난도 그의 즐거움을 꺾지 못한다. 천자(天子)도 감히 신하로 삼지 못하고, 제후도 감히 친구로 삼지 못한다. 출세하여 덕정을 펴면 온 세상이 혜택을 받게 되고, 벼슬하지 않고 조용히 은거하면 그의 덕이 천 년을 밝힌다. 이런 사람이야말로 참된 선비라 할 수 있다.

나의 벗 홍백능(洪伯能)은 아름다운 선비이다. 재주와 학문이 정밀하고 넓으며, 의지와 기개가 밝고 깨끗하다. 만약 그가 분발하여 성인의 길로 나아간다면 무엇인들 얻지 못하겠으며, 그 길이 아무리 멀다 한들 어찌 도달하지 못하겠는가? 그러나 그는 너무 명예를 멀리하는가 하면, 세상과 어긋나는 것도 너무 어렵게 여긴다. 분명 그것은 장점이긴 하나 오히려 문제가 되고 말았다. 백능이 글 짓는 공부에만 열중하니 남들은 그저 재주 있는 사람 정도로만 대하는 것이다. 또 백능도 그런 걸 편하게 받아들이며 조금도 부끄러워하지 않는다. 정말 백능은 이 정도 수준에서 머물려고 하는가? 나는 백능이 앞에서 말한 과거 공부에 매달리는 선비와 비슷해질까 두렵다. 도학은 팽개치고 과거 공부를 달갑게 여기며, 평탄한 길을 버리고 가시밭길을 달리려 하니 의혹스러운 점이 많다.

백능은 내 글을 간절하게 받으려 하지만, 나는 자부할 것이 없는 사람이다. 또 본래 글 솜씨가 졸렬하다 보니 글을 받고도 답을 주지 못해 부끄럽다. 그런데 독서하다가 문득 세속 사람들이 날로 패망으로 치닫지만 깨닫지 못하는 것이 슬프고, 나 또한 거기서 벗어나지 못하는 것이 한스러운 마음이 들었다. 그래서 이제 생각나는 대로 쓰며 백능의 뜻에 답하고 또한 백능과 함께 노력하고자 한다. 내가 백능에게 이런 말을 하지 않으면 누구에게 하겠는가? 그러나 만약 백능이 내게 자신을 보통 사람 대하듯 한다고 말한다면, 나는 '다른 사람이라면 오히려 보통 사람으로서 기대하겠지만 백능에게 어떻게 그럴 수 있겠는가?'라고 대답할 것이다. 과연 백능은 어떻게 생각할지.

홍대용은 자신에게 글을 부탁한 선비 홍백능을 위해 이 글을 썼다. 재주 있고 가능성 많은 홍백능이 문장 공부에만 몰두하는 것을 경계하는 내용이다. 이 글을 통해 조선 후기 선비들의 모습과 그에 대한 홍대용의 비판적 시선을 읽을 수 있다.

독서의 방법

　독서는 외우는 것이 중요하진 않지만, 처음 학문하는 사람은 외우지 않을 수 없다. 그러므로 매일 글을 읽을 때 먼저 정밀하게 외우고 음독에 착오가 없게 한다. 그런 뒤에 횟수를 세는데, 먼저 한 번 읽고 그 다음 한 번 외고 그 다음 한 번 본다. 그리고 다시 같은 방식으로 총 삼사십 번 되풀이한다. 한 권이나 혹 반 권을 다 배웠을 때는 앞에서 배운 것을 먼저 읽은 뒤 외우고 다시 보기를 서너 번 반복한다.

　글을 읽을 때 소리를 높이면 안 된다. 소리가 높으면 기운이 빠진다. 눈을 돌려도 안 되니, 눈을 돌리면 마음이 다른 데로 달아난다. 몸을 흔들어도 안 된다. 몸을 흔들면 정신이 흩어진다.

　글을 외울 때는 어수선하게 뒤섞거나 중복되지 않게 해야 한다. 너무 급하게 외우지 말아야 하는바, 너무 조급하면 뜻을 음미하기 어렵다. 너무 느리게 외우지도 말아야 하는데, 너무 느리면 느슨하게 풀어져 생각이 뜬다.

　글을 볼 때에는 속으로 문장을 외우면서 그 뜻을 곰곰이 생각하되, 주석을 참고하며 깊게 연구해야 한다. 만약 눈으로만 책을 보고 정신은 딴 데 가 있다면 아무 이득도 없다.

이상의 세 조목은 나누어 말하자면 다르지만 마음을 모으고 몸소 궁구해야 한다는 점에서는 같다. 반드시 몸을 단정히 하고 바로 앉아 눈은 똑바로 보고 귀는 다른 소리를 듣지 말며 수족은 함부로 놀리지 말고 정신을 모아 글에 집중해야 한다. 이렇게 계속하다 보면 의미가 날로 새로워지면서 저절로 무궁한 묘미가 쌓인다.

　처음 배울 때 배운 것에 대해 의문을 품지 않는 것이 사람들의 공통된 문제점이다. 그 문제의 원인은 생각이 들떠 글에 전념하지 못해서이니 들뜬 생각을 없애야 한다. 그렇다고 억지로 의문을 만들면 생각이 사실에서 멀어지거나 꽉 막히거나 천박하거나 경솔해져 진정한 의문이 생기지 않는다. 의문이 생기려면 먼저 들뜬 생각을 없애야 한다. 그러나 들뜬 생각 역시 억지로 없앨 수가 없다. 억지로 없애려다 보면 오히려 또 하나의 생각이 더해져 정신이 더 어지러워질 뿐이다. 오직 등과 어깨를 꼿꼿이 세우고 정신을 집중해 한 글자 한 구절에 마음과 입이 서로 상응하게 하면, 들뜬 생각이 저도 모르게 사라진다.

　들뜬 생각은 하루아침에 깨끗이 없어질 수 없으니 정신을 맑게 하는 공부를 계속해야 할 것이다. 혹 편치 않은 마음이 엉겨 없어지지 않을 때에는 묵묵히 앉아서 눈을 감고 마음을 배꼽에 집중시키면 정신이 제자리에 돌아오고 들뜬 생각이 물러갈 것이다. 이 방법을 잘 실천하면 공부가 점점 무르익고 효험이 점점 늘어나 학식이 진취될 뿐 아니라 마음이 편안하고 기운이 화평하여 어떤 일을 해도 한결같고 정밀하게 될 것이다. 높은 학문을 하는 것도 여기서 벗어나지 않는다.

의미란 무궁한 것이므로 함부로 자만에 빠져서는 안 된다. 문자를 대충 보는 사람에게는 의문이 없게 마련이다. 그러나 그것은 의문이 없는 것이 아니라 깊이 생각하지 않았기 때문이다. 의문이 없는 데서 의문이 생기고, 맛이 없는 데서 맛을 느껴야 독서했다고 말할 수 있다.

그렇다고 해서 독서할 때 의문을 만들어 내려고만 해서는 안 된다. 단지 차분한 마음으로 읽어 나가되 의문이 없다고 걱정하지 말 것이다. 그러다 의문이 생기면 다른 서적을 참조하거나 고증하면서 반복하여 연구한다. 꼭 문자에만 매달리지 말고 어떤 일을 할 때 시험도 해 보고 놀면서도 생각해 보며 걸어 다닐 때나 앉아서나 누워서나 수시로 연구하고 탐색해야 한다. 이렇게 계속해 간다면 이해하지 못하는 것이 적어지고, 설사 이해가 안 되는 것이 있어도 이런 연구와 탐색을 먼저 해 본 뒤 다른 사람에게 물어보면 그의 말이 떨어지기가 무섭게 이해할 수 있다.

독서한다는 사람들 중에 다음과 같은 경우를 볼 수 있다. 쓸데없이 목소리를 높이거나, 어수선하게 뒤섞으며 읽거나, 억지로 글자와 문구를 뽑아내거나, 입에서 나오는 대로 어려운 것을 들추어 낸다거나, 다른 사람의 대답이 채 끝나지도 않았는데 딴 데로 넘어가선 돌아보지 않거나, 일문일답하면 그것으로 끝이고 더 이상은 생각하지 않는 경우. 이런 경우에 해당하는 사람들은 독서를 통해 얻고자 하는 뜻이 없는 것이니 더불어 학문할 수 없다.

성현의 글을 볼 때에는 옛사람들의 해석을 상고하고 참조한 뒤, 그것을 나에게 돌이켜 적용할 수 있는 적당한 방법을 찾아야 한다. 그리고 성현들의 지혜를 선망하며 따라가지 못하는 안타까움이 마치 바늘이 몸을 찌르는 것 같아야 한다. 옛 분들의 독서는 대개 이러한 근본이 있었으니 이렇게 하지 않으면 모두 거짓 학문이 되고 만다.

나는 '내 뜻으로 남의 뜻을 헤아린다'라는 맹자의 말을 독서의 비결로 삼아 왔다. 옛사람들이 지은 글은 대의(大義)나 실용에 대한 글은 물론이려니와 시나 문장 같은 글에도 각각 그러한 뜻이 담겨 있다. 그러니 나의 생각으로 옛사람의 뜻을 헤아려 빈틈없는 하나의 생각으로 녹여 의미가 풀리면 이것은 옛사람의 정신과 견식이 내 마음에 들어온 것이다. 비유하자면 굿을 할 때 신이 내린 무당은 갑자기 뛰어난 신통력을 보이지만 자신은 그것이 어떻게 해서 그런 것인지 모르는 것과 같다. 이렇게 되면 문장 구절에만 기대거나 진부한 해석을 답습하지 않고 여러 가지 글의 변화에 대응해 가며 자유자재로 그 깊은 뜻을 파악할 수 있게 된다. 그럼 나 또한 옛사람처럼 되는 것이다. 이와 같이 독서한 뒤에야 뛰어난 실력을 얻게 된다.

　옛사람이 지은 글은 사람들에게 문장을 잘 꾸며서 이름을 날리려는 게 아니었고, 많이 기억하고 많이 아는 것으로 명예를 구하려는 것도 아니었다. 그러나 문장을 꾸미고 많은 지식을 드러내는 것 또한 조급하고 경박하게 섭렵한다고 되는 것이 아니다. 그런데 지금 그대들은 종일 외우고 읽어 눈이 글에서 떠나지 않는다고 자만하지만, 생각은 들떠서 입으로만 읽고 마음으로 읽지 않는다. 결국 그대들의 생각은 글쓴이의 의도와는 열 겹 쇠문으로 가로막혀 있는 꼴이니 어찌 도(道)에서 더욱 멀어지지 않겠는가? 이것은 천하의 쓸모없는 재주이다.

　처음 공부하는 이라면 독서하는데 누군들 그 어려움을 괴로워하지 않겠는가? 그러나 괴롭고 어렵다고 잠시 쉬운 방법을 택해 구차하게 편하고자 한다면 결국 자기 재주를 버리는 것이다. 만약 조금만 스스로 굳게 참고 반성과 점검을 잊지 않는다면 열흘 안으로 반드시 좋은 소식이 있을 것이다. 괴롭고 어렵던 것이 점차 사라지고 흥취가 날로 새로워지면서 절로 좋아 손이 춤추고 발이 뛰는 경지에 이르게 되어서 무한한 즐거움을 느끼게 될 것이다. 인생은 길어야 백 년인데, 그 사이에 우환과 고난이 잇따라 찾아들므로 편히 앉아 독서할 시간이란 얼마 되지 않는다. 일찍이 스스로 깨달아 노력하지 않고 구차하게 그날그날을 보내다가는 결국 자기 재주를 버리게 된다. 나이 들어 빈곤해지면 누구를 원망할 것인가?

그대들이 내게 와서 공부한 지 2년이 되었다. 그러나 그대들의 공부는 소경이 코끼리를 만지며 그 모습을 추측하는 것과 같은 식이었으니 부끄럽고 우습다. 그것은 내가 잘못 이끌어서 그럴 테지만 그대들도 진정으로 진취할 뜻이 없었기 때문이다. 이전에도 그대들에게 누누이 말했지만 하나도 채택해 실행하는 것을 못 보았다. 나도 짜증이 나고 게을러져서 더 이상 쓸데없는 말을 하고 싶지 않았다. 나는 그대들이 재주는 있는데 뜻을 세우지 않고 의지가 약한 것을 서글프게 생각한다. 학문을 하건 과거 시험 공부를 하건 이런 자세로 한다면 남들보다 잘할 수 없어 결국 쓸모없는 인재가 되고 말 것이다. 그래서 한 번 더 마음속에 있는 것을 위와 같이 조목조목 털어놓은 것이다. 이것은 내가 평생 독서하면서 시험해 보고 효험을 보았기에 하는 말이지 괜한 큰소리를 쳐서 남을 놀라게 하려는 게 아니다. 그대들은 한번 따라 해 보기 바란다. 한 달을 실천해도 아무 효험이 없거든 내가 망언한 죄를 받을 것이다. 그렇게 안 하겠다면 각자 좋을 대로 하고 다시는 글을 가지고 서로 이야기하지 말자. 그대들은 잘 생각해 보라!

이 글은 홍대용의 독서론이라고 할 수 있다. 홍대용이 1768년 부친상 중 잠시 시골 학생들을 가르칠 때 쓴 것이다. 한편 이 글은 중국 선비에게 보낸 편지에 붙여 보내기도 했고, 절친한 중국 벗 엄성이 죽은 뒤 그의 어린 아들에게도 보낸 바 있다.

스승 김원행

아아, 소생은 30년 동안 선생을 받들며 공부하는 방법을 조금 알게 되었습니다. 그러나 타고난 성품이 게을러 옛 법을 지키지 못하고 나이 사십이 되도록 아는 것이 없어 슬퍼만 합니다. 무슨 말로 선생의 영령께 보답할 말이 있겠습니까?

아아, 선생의 학문은 가정에서부터 시작하여 가문의 학통을 높이셨습니다. 옥으로 만든 병처럼 깨끗하고 큰 봉우리처럼 우뚝하셨으니 넉넉하고 크신 모습을 소자가 어찌 감히 말로 찬양할 수 있겠습니까? 그러나 선생께서는 자애로우면서도 감히 범할 수 없는 기상이 있으셨고, 인정이 많으면서도 감히 꺾을 수 없는 용기를 가지셨습니다. 옛사람이 말한 '멀리서 바라보면 위엄 있고 앞에서 만나 보면 온화하다'라는 모습을 선생에게서 처음으로 보았습니다.

선생의 도는 우뚝하셨습니다. 선생은 늘 주자의 「축융봉」(祝融峯) 시를 외우시며, 예부터 성현치고 쇠약한 사람이 없었다고 하셨습니다. 대개 세속 선비의 비뚤어진 학문과 실용 없는 학술로는 선생의 뜻을 감당할 수 없다는 뜻일 겁니다. 해동(海東) 300년 원기가 모여 하늘이 보낸 인물이 바로 선생이셨던 것입니다.

아아, 소생은 분수도 모른 채 높은 뜻을 두고 선생을 스승으로 모셨으니 참으로 얻기 힘든 기회였습니다. 그러나 세상일에 얽매여서 오랫동안 문하에 나가지 못하여 배움을 마치지 못했습니다. 어찌 운명이 아니겠습니까?

학문은 진실한 마음에 있고, 실행은 실용적인 일에 있으니, 진실한 마음으로 실용적인 일을 하면 잘못이 적고 과업을 성취할 수 있다고 들었습니다. 지금부터라도 노력해서 점점 진보할 수 있다면 가르쳐 주신 은혜의 만분의 일이라도 갚을 수 있을 것입니다. 또한 선생의 영령께서는 지하에서라도 제 마음을 깨우쳐 주시고 조금이라도 성취할 수 있게 해 주시어 끝내 문하에서 버려지지 않게 해 주신다면 죽은 뒤에라도 보답하겠습니다.

아아, 슬픕니다! 소생은 근자에 부친상을 당해서 정신이 없고 생각도 어지럽습니다. 글로 뜻을 다하지 못하고 대강 슬픈 심정만을 펴 보이니 영령께서는 이 작은 정성을 굽어 살피소서.

홍대용은 12세부터 10여 년 동안 경기도 남양주 미금에 있는 석실서원(石室書院)에서 공부했는데, 당시 석실서원의 원장이 김원행(金元行, 1702~1772)이었다. 김원행은 집안이 사화에 연루되자 일체 벼슬에 나아가지 않고 평생을 석실서원에서 실학적 학풍으로 제자들을 양성한 인물이다. 이 글은 스승이 서거하자 쓴 제문이다.

'혼천의'를 만든 나경적 선생

　사람들이 바라는 것은 오직 부귀입니다. 분주하게 오가는 사람들은 모두 이익이 있는 곳으로 모여듭니다. 만약 물건 값이 삼백 배쯤 뛴다 치면 군자들도 달려들어 다툽니다. 온 세상이 이익과 욕망으로만 달려가는데 누가 타고난 천성을 보전할 수 있을까요? 그러나 선생은 홀로 자족하면서 남을 해치지도 않고 두려워하지도 않으셨습니다. 오로지 학식을 지니고 은거하다가 산속에서 세상을 떠나셨습니다. 때가 되어 돌아가시니 굽어보나 우러러보나 부끄러울 것이 없으셨습니다. 타고난 깨끗한 천성 그대로, 저 하늘을 떠다니시겠지요. 편히 살다가 순하게 가셨으니 선생께 무슨 슬픔이 있겠습니까? 아름다워라! 선생은 벼슬살이에 얽매이지 않으셨습니다. 요즘은 기와를 줍고 진주는 버리는 시대라 좋은 세상을 위해서는 안타까운 일이었습니다.
　선생의 책상에는 자명종이 있는데 어김없이 시간을 알려 주었습니다. 이것을 만든 공을 어찌 작은 기술이라고 하겠습니까? 선생은 광대한 우주와 별들에 대해 깊이 연구하고 정밀하게 헤아리기를 손바닥 들여다보듯 하셨습니다. 옛 선기옥형(璿璣玉衡)[1] 을 토대로 하되 의심스러운 부분은 빼 버리고 서양의 방법

---

[1] 선기옥형(璿璣玉衡): 중국 고대에 순임금이 창제했다는 천문 관측기구로서 고대의 혼천의(渾天儀)를 말하는 것이다.

을 참고하여 탐구하더니 결국 우주의 형상이 모두 갖추어진 신묘한 모형을 만드셨습니다. 이렇게 혼천의(渾天儀)[2]에 하늘과 땅의 자리를 정하니 해와 달의 움직임이 도수에 맞았고, 그믐과 초하루의 때가 맞아떨어지고, 24절기가 어긋남이 없었습니다. 이런 신묘한 기계는 뛰어난 재주로만 이루어진 것이 아닙니다. 마음의 깨달음에서 나온 것이고 온 정신을 쏟아 이룬 일이었습니다.

재주 없고 어리석은 저도 이 일에 함께 참여했습니다. 저는 선생이 만드신 혼천의의 복잡함을 보다 간략하게 만들고, 저대로 얻은 좁은 생각에 따라 망령되게 고쳐 보았습니다. 그리고 언젠가는 선생께 찾아가 이것을 보여 드리고 잘못된 부분을 지적받을 날이 올 줄 알았습니다. 그런데 선생의 부음을 받고는 놀라서 부르짖으며 눈물만 줄줄 흘립니다. 의문 나는 것은 많은데, 뵙고 여쭐 수 없게 되었습니다. 저는 한스러워 오래도록 선생을 잊을 수 없을 것입니다.

선생 밑에 들어간 것은 늦었지만 뵙자마자 바로 마음이 통했습니다. 선생께서는 자신의 비법을 제게 아낌없이 전수하고 숨김없이 설명해 주셨습니다. 이것은 제가 잘나서가 아니라 선생의 훌륭한 덕 때문이었습니다.

가을에 물염정(勿染亭) 계곡이 단풍으로 물들 때, 거문고 들

---

[2] 혼천의(渾天儀): 전통적 우주 구조론에 입각해 만들어진 천체 운행을 관측하는 기계이다.

고 가려고 했는데 어그러지고 말았습니다. 염할 때 관도 잡아 보지 못했고 장사 지낼 때 묘소에도 가지 못했습니다. 한이 구천에 사무치고 맺힌 마음 풀 길이 없습니다. 천 리 밖에서 글로 아뢰고 있지만 충심에서 우러나온 것입니다. 영혼이 계시면 살펴보소서.

홍대용은 부친이 나주목사로 있을 때, 부친의 소개로 전라남도 화순 동복 물염정에 은거해 있던 과학자 나경적(羅景績, 1690~1762)을 만나게 된다. 나경적은 이미 70세가 넘었고 홍대용은 29세의 젊은이였지만, 과학적 열정으로 의기투합한 두 사람은 함께 전통적 혼천의에다 서양 시계의 기계적 원리를 결합시킨 새로운 혼천의를 제작하였다. 이 글은 나경적 선생을 위해 쓴 제문이다.

악관 연익성

　홍대용은 연선생의 영령 앞에 술 한 병, 초 두 자루, 돈 세 냥을 올리며 이별을 고합니다. 그대는 정녕 죽었습니까? 그대는 허약한 몸으로 53세까지 살았으니 불행이라고 할 수만은 없습니다. 그대는 평생 가난했지만 잔치 자리에서 재주를 펼치며 그대의 삶을 즐겼으니 또 무슨 한이 있겠습니까? 신분은 하급 음악 관리였지만 뜻은 높은 선비와 같았고, 처지는 광대에 가까웠지만 성품은 맑은 가을 물처럼 깨끗했습니다.

　아, 그대가 어질다는 것을 나만은 아는데, 애석합니다! 사람과 거문고가 함께 사라지니, 이제 나는 누구와 더불어 음악을 연주하나요? 30년간 깊은 정을 나누며 따랐는데 이제 영원한 이별을 하게 되었습니다. 글자마다 맺힌 눈물을 그대는 와서 보십니까?

홍대용은 뛰어난 거문고 연주자로서 당대에 유명한 기악 연주자들과 함께 연주회도 자주 열었다. 그리고 당대 최고의 거문고 연주자인 연익성(延益成)과 30년간 음악적 교감을 나누었다. 연익성은 궁중의 하급 음악 관료로 미천한 신분의 인물이었지만 홍대용은 그에게서 높은 뜻과 고상한 인격을 지닌 진정한 선비의 모습을 보았다.

왕세손과의 대화

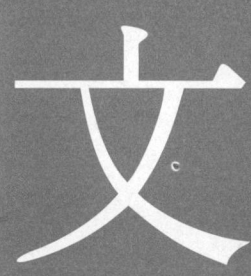

12월 1일

왕세손[1]을 호위하는 세자익위사(世子翊衛司)[2]로 임명되어 근무했다. 저녁에 세손과 경서(經書)를 강론하는 서연(書筵)[3]에 참석했다. 보덕(輔德)[4] 한정유(韓鼎裕), 사서(司書)[5] 신재선(申在善), 시직(侍直) 홍대용이 존현각(尊賢閣)[6]에 들어가『주서절요』(朱書節要)[7] 제3권을 강론했다. 동궁께서 전날 배운 것을 읽었고, 보덕이 새로운 부분을 읽었다. 동궁께서는 다시 새로 배운 것을 다 읽고 나서 글의 뜻에 대해 아뢰라고 하셨다. 보덕 한정유가 이렇게 아뢰었다.

"이 부분은 별로 아뢸 만한 것이 없습니다. 다만 '나의 잘못 고치기를 꺼리지 않는다'라는 말에서 주자의 학문이 크다는 것을 알 수 있습니다. 우(禹)임금이 자만하지 않으셨듯이, 탕왕(湯王)이 간언을 잘 수용했듯이, 성인의 마음은 본래 이러해야 합니다."[7]

동궁께서 말씀하셨다.

"계방(桂坊)[8]이 말해 보시오."

내가 이렇게 아뢰었다.

"춘방(春坊)[9]의 말씀이 매우 좋습니다. 학문이란 별다른 방법이 없고 잘못을 알면 빨리 고쳐서 바르게 되도록 할 뿐입니다."

1_ 왕세손: 영조의 손자로 1776년 왕위를 계승한 정조(正祖)를 가리킨다.
2_ 세자익위사(世子翊衛司): 세자를 호위하는 관아를 말한다. 홍대용은 1774년 12월에 세자익위사 시직(侍直)으로 임명되었다.
3_ 서연(書筵): 세자에게 유교의 경서와 역사를 강론하는 자리.
4_ 보덕(輔德): 세자시강원의 종3품 관직으로, 세자에게 경전·역사·예절·도의를 가르친다.
5_ 사서(司書): 세자시강원의 정6품 벼슬이다.
6_ 존현각(尊賢閣): 세손 시절의 정조가 평상시 신하들을 만났던 곳이다.
7_『주서절요』(朱書節要): 퇴계 이황이 주자의 문집에서 편지만 뽑아서 만든 책이다.

동궁께서 나를 향해 이렇게 말씀하셨다.

"계방이 지난달 새로 임명된 홍 시직입니까? 그대는 학업에 매우 독실하다고 들었습니다."

그러자 춘방 한정유가 말했다.

"다른 것은 모르겠으나 홍 시직은 경학에 대해 풍부한 지식이 있고, 또한 과거 준비만 하는 선비가 아닌 줄로 아옵니다."

(…중략…)

이어서 정명도(程明道)의 '다시 생각해 봐야겠다'와 정이천(程伊川)의 '바로 옳지 않다'라고 한 구절을 강론했다.10_ 동궁께서 말씀하셨다.

"두 선생의 의견이 이렇게 다릅니다. 그러나 처음 배우는 사람들은 근엄한 태도의 정이천을 모범으로 삼아야 할 것입니다."

내가 그 말씀에 대해 답했다.

"신이 들은 바도 그러합니다. 정명도는 온화하고, 정이천은 근엄했다고 합니다. 먼저 근엄함을 갖추면 나중에 온화해질 수 있지만, 먼저 온화함부터 갖추면 필경 세속에 물들기 쉽습니다."

동궁께서 그 말이 옳다 하셨다. 내가 다시 아뢰었다.

"대개는 그렇지만, 신의 생각으로는 정이천만한 견식이 없

8_ 계방(桂坊): 세자익위사의 별칭인데, 여기서는 홍대용을 가리킨다.
9_ 춘방(春坊): 왕세자에게 경전과 역사를 강의하는 임무를 맡은 세자시강원의 별칭인데, 여기서는 한정유를 가리킨다.
10_ 정명도(程明道, 1032~1085)는 북송의 사상가 정호(程顥)를 가리킨다. 정이천(程伊川, 1033~1107)은 그의 아우 정이(程頤)를 가리킨다. 두 사람을 함께 높여 '정자(程子)라고도 부른다.

는 사람이라면 '무슨 일이건 갑자기 결정해서는 안 된다'라고 한 정명도를 배우는 것이 맞는 것 같습니다. 대부분의 학자들이 가지고 있는 심각한 문제점 가운데 하나가 바로 자기를 지나치게 믿는 것입니다."

그러자 동궁께서 말씀하셨다.

"그렇기는 하지만 처음 공부하는 사람으로서 아주 분명하게 자신 있는 것에 대해 곧바로 '옳지 않다'라고 말한다 해도 그것이 무슨 문제가 있겠습니까?"

내가 다시 아뢰었다.

"신의 의견은 『예기』(禮記)[11]에서 '의심나는 것은 신중히 생각하고 다른 사람과 의견을 교환해서 결정지을 것이다'라고 한 말과 같은 뜻이지, 한결같이 결정을 내리지 못한다는 것을 말하는 건 아니었습니다."

동궁께서 말씀하셨다.

"정명도와 정이천 같은 대학자의 집안에서도 두 번 시집간 딸이 있었다니, 이상하지 않습니까? 정이천은 '굶어 죽는 것은 작은 일이요, 절개를 잃는 것은 큰일이다'라고 말했는데, 어찌하여 자신의 자식도 감화시키지 못하고 변절하도록 했을까요?"

내가 그에 대해 다음과 같이 아뢰었다.

"절개를 잃는 것은 죄가 크다고 한 것은 올바른 교훈입니다.

11_ 『예기』(禮記): 공자와 그 제자들이 예(禮)에 관해 논한 내용을 수록한 책이다.

그러나 중국의 풍속은 두 번 시집가는 것을 부끄럽게 여기지 않았습니다. 누구든 세속에 물들어서 그 정조를 지키지 못하면 그에 맡길 뿐입니다. '평범한 사람은 평범한 사람으로 기대해야 한다'라는 말이 그것입니다. 만약 못하게 막는다면 재혼하는 것보다 더 심한 일이 일어날 수도 있지 않겠습니까?"

　동궁께서 춘방을 돌아보시며 그 일은 그렇게 보는 것이 매우 좋겠다고 하셨다.

(후략)

1월 21일

(전략)

내가 아뢰었다.

"『주서절요』에서 '『논어』(論語)를 읽고 글의 이치를 터득하면 나머지 경서들은 저절로 이해하게 된다'라고 하였습니다. 그런데 『논어』는 누구나 다 읽지만, 그 사람들이 모든 경서를 저절로 이해했다는 말은 들어 보지 못했습니다. 그러나 독서를 그 정도로 충분히 깊이 있게 하지 않으면 독서가 아무런 도움이 되지 않습니다. 그것이 어찌 『논어』에만 해당하겠습니까? 모든 독서도 이처럼 충분히 깊게 한 다음이라야 참으로 독서한다고 말할 수 있을 것입니다."

동궁께서 물으셨다.

"나는 『논어』를 읽었다고 할 수 없겠습니다. 아까 『논어』의 한 구절을 상고할 일이 있었는데 어느 편에 있는 것인지 떠오르지 않더군요. 부끄럽습니다. 계방은 기억할 수 으십니까?"

내가 아뢰었다.

"신도 어느 부분인지 기억하지 못합니다. 노련한 유학자 선생들도 기억하지 못하는 수가 많습니다. 독서란 그 글의 의미를 충실하게 이해하여 마음에 쌓는 것이 중요하지, 순서를 기억하지 못하는 것은 그리 걱정할 일이 아닙니다.

또 이 글에, '글을 읽으면서 다른 견해를 세우려는 마음을 먼저 가진다면 생각은 이미 밖으로 치달린다'라고 했습니다. 다른 견해를 세워 글을 쓰는 것은 본디 초학자가 할 일이 아닙니다. 이런 마음이 조금만 있어도 생각이 밖으로 치달리는 것을 막지 못합니다. 이런 점은 독서할 때 마땅히 경계해야 할 것입니다."

(후략)

3월 29일

(전략)

동궁께서 물으셨다.
"우리나라의 소금과 철은 어떻습니까?"
내가 답했다.
"우리나라 은과 철은 산에서 나는데 여기저기 흩어져 있습니다. 소금은 우리나라를 둘러싼 삼면의 바닷가에서 구워 내는데 무진장입니다. 이것들은 재화의 창고라고 할 수 있습니다. 그러나 산과 바다를 다 개척하지 못해 백성과 나라가 함께 가난을 면치 못하고 있습니다. 나라를 부유하게 하는 계책이 없기 때문입니다."

동궁께서 물으셨다.
"계방은 소금을 어떻게 만드는지 보셨소?"
내가 답했다.
"동해와 서해에서 소금 굽는 방식을 모두 보았습니다."
춘방이 그 제도를 자세히 아뢰니, 동궁께서 물으셨다.
"우리나라에서 금은 생산되지 않습니까?"
내가 아뢰었다.

"자산(紫山)에서 생산되는 것을 '과자금'(瓜子金)이라고 하는데, 금으로는 이것이 최상품입니다. 그러나 매우 귀하다고 합니다."

(…중략…)

동궁께서 물으셨다.
"도성 안의 인분과 쓰레기는 농부들이 모두 실어 간다는데, 사실입니까?"
그렇다고 아뢰니 동궁께서는 이렇게 말씀하셨다.
"만약 그렇게 하지 않는다면 곤란하겠습니다."
또 말씀하셨다.
"계방은 북경에 가 보셨습니까?"
내가 가 보았다고 아뢰니 동궁께서는 무슨 일로 갔는지 물으셨다. 내가 아뢰었다.
"신의 숙부인 전 승지(承旨) 홍억(洪檍)이 1765년에 서장관(書狀官)이 되었는데, 그때 신이 자제비장(子弟裨將)으로 따라 갔습니다."[17]

(…중략…)

---

[17] 홍대용의 작은아버지 홍억(洪檍, 1722~1809)은 중국으로 가는 연행사의 서장관(書狀官)이 되었는데, 그때 홍대용은 서장관이 대동하는 개인 비서라고 할 수 있는 비장(裨將)의 자격으로 따라갔다.

동궁께서 물으셨다.

"중국에 갈 때 옷차림은 어떻게 하셨습니까?"

내가 아뢰었다.

"다른 비장들처럼 군복 차림에 전립(氈笠)을 쓰고 갔다가 돌아올 때는 도포 차림에 갓을 쓰고 왔습니다."

동궁께서는 웃으시며 이렇게 말씀하셨다.

"백면서생이 갑자기 군복 차림을 하기가 쉽지 않은 일이었을 텐데, 역시 호사가라고 할 만합니다."

이어서 물으셨다.

"듣기로는 북경에서는 상업에만 종사한다는데 정말입니까?"

내가 대답했다.

"그건 도성 안에서의 일이고, 시골 백성들이 농사에 힘쓰는 것은 우리나라보다 더합니다."

(…중략…)

동궁께서 물으셨다.

"서점은 어떠했습니까?"

내가 아뢰었다.

"유리창(琉璃廠)이라는 곳에 예닐곱 개의 서점이 있다기에

가 보았습니다. 서점엔 판자로 선반을 둘러 설치하고 각각 표제를 붙인 책을 질서 정연하게 올려놓았습니다. 한 서점에 몇 만 권 이상의 책이 쌓여 있었습니다."

동궁께서 물으셨다.

"창춘원(暢春園)과 원명원(圓明園)도 보셨습니까?"[18]

내가 아뢰었다.

"신은 창춘원을 보고 강희(康熙)[19]가 영특한 임금이라는 것을 알았으며, 그가 다스린 60년 동안 중국이 태평했던 까닭을 짐작했습니다."

동궁께서 무슨 까닭인지 물으셨다. 내가 아뢰었다.

"창춘원은 담장의 높이가 두어 길에 불과한데, 제가 담을 따라 돌아보아도 높은 기와집은 보이지 않았습니다. 대문 틈으로 들여다보았더니 규모가 너무나 보잘것없고 소박했습니다. 웅장하고 화려한 황성의 거처를 놔두고 이처럼 들판에 있는 낮고 좁은 궁실에 물러앉아 살았으니 백성들이 지금까지도 성군이라고 칭송합니다. 이런 것으로 그의 영특함을 알 수 있었습니다."

동궁께서 물으셨다.

"원명원은 창춘원과 비교하면 어떻던가요?"

내가 아뢰었다.

"원명원은 창춘원에 비해 백 배나 크고 사치스럽고 화려하

---

[18] 창춘원(暢春園)은 청나라 4대 황제 강희제의 별궁이고, 원명원(圓明園)은 청나라 5대 황제 옹정제의 별궁이다. 모두 북경에 있다.

[19] 강희(康熙): 청나라의 제4대 황제 강희제(1654~1722)를 말한다.

며, 서산(西山)[20] 같은 곳은 원명원의 열 배도 넘습니다. 궁전이 사치스러운지 검소한지를 보면 그 임금이 어진지 아닌지와 당시의 나라 운세가 성할지 쇠할지 짐작할 수 있습니다. 서산은 여러 건물과 시설들이 물길을 따라 사십 리나 뻗어 북경성의 서쪽까지 닿았으며, 그 위치와 구조가 극히 기묘합니다. 그러나 실상은 아이들이 장난친 것 같습니다. 백성의 피땀을 짜내 무익하기만 한 놀이 시설에 바쳤으니 당시엔 원망을 샀고 후세엔 웃음거리가 되었습니다. 그런데 물길 연변의 누각도 근래에는 벗겨지고 떨어져 나간 것을 보면 요즘엔 의기소침해져 마음껏 즐기고 놀지 않는 듯합니다."

동궁께서 정말 누각들이 벗겨지고 떨어졌는지 물으셨다. 내가 다시 아뢰었다.

"당연한 이치지요. 욕망이란 만족을 모르니까요. 최고의 사치를 다했다 해도 계속 즐기다 보면 벌써 묵은 것이 되어 버려 다시 새롭고 기이한 것을 생각하며 점점 더 기괴한 것을 찾게 마련입니다. 수양제(隋煬帝)[21]와 진후주(陳後主)[22] 같은 경우를 보아도 알 수 있습니다."

(…중략…)

---

[20] 서산(西山): 북경에 위치한 산이다.
[21] 수양제(隋煬帝): 569~618. 수(隋)나라 2대 황제로, 운하 건설과 궁궐 중수 등의 대형 토목 공사를 벌여 백성을 도탄에 빠지게 했다.
[22] 진후주(陳後主): 진(陳)나라의 마지막 황제로, 즉위 후 주색에 빠져 지냈다. 재위 6년 만에 진나라는 망했다.

동궁께서 물으셨다.

"우리나라에서 중국에 공물(貢物)로 내는 쌀은 얼마나 됩니까?"

내가 아뢰었다.

"명나라 때는 일만 석이나 되었는데, 청나라 세조 때에는 구천 석으로 줄었고, 청나라 세종 때에도 줄어서 지금은 사십 내지 오십 포(包)가 되었습니다."

동궁께서 말씀하셨다.

"그처럼 공물이 줄었으면, 우리나라 경비가 넉넉해지겠군요?"

내가 아뢰었다.

"남은 쌀을 해마다 별도로 쌓아 둔다면 분명 그럴 것입니다. 그러나 다른 경비와 뒤섞어 써 버리면 한두 해 후엔 얼마가 남았는지 모르게 될 것입니다."

동궁께서 물으셨다.

"근래에 늘 경비가 부족하다고 걱정이라는데, 이것은 무슨 까닭입니까?"

이보행이 아뢰었다.

"백성들이 나라에 내는 세금은 크게 줄어들었고, 나라에서 써야 할 경비는 더 많아지니 그렇게 되는 것입니다."

동궁께서 물으셨다.

"들자하니 당상관(堂上官)[23] 들이 사용(司勇)[24] 의 녹봉까지 받는다는데, 이전에는 없던 일입니다. 궁중에서 궁녀들에게 드는 경비도 한결같이 새 나간다고 합디다. 또 사도시(司䆃寺)[25] 의 월급은 늘어 가기만 하고 줄어드는 것은 없다고 하니 그것을 무엇으로 감당할 것입니까?"

임득호(林得浩)가 아뢰었다.

"도읍 아래 사는 백성 중 농사도 장사도 하지 않으면서도 먹고사는 사람들은 대개 이런 후한 녹봉에서 흘려 떨어지는 것에 의지해 삽니다. 그것도 어쨌든 나라 덕택이 아니겠습니까?"

내가 아뢰었다.

"생산하는 사람을 많이 늘리고 소비하는 사람을 줄이는 것이 나라 경제의 중요한 방책입니다. 요행을 바라고 노는 백성이나 나라를 좀먹고 백성을 괴롭히는 관원들에 대해 저하(邸下)[26] 께서는 더욱 깊이 생각하셔야 할 것입니다."

이에 동궁께서 말씀하셨다.

"계방의 말이 정말 맞습니다."

23_ 당상관(堂上官): 정3품 이상의 관직을 말한다.
24_ 사용(司勇): 조선의 군대 편제인 오위(五衛)의 정9품 군직이다. 현직이 아닌 문관·무관·음관으로 채웠다.
25_ 사도시(司䆃寺): 궁중에 쌀과 장(醬)을 공급하는 관청이다.
26_ 저하(邸下): 동궁을 높여 일컫는 말.

4월 9일

밤에 『주서절요』의 '유성지에게 답하는 편지'를 가지고 입시했다. 필선(弼善)[27] 이진형(李鎭衡), 사서 홍국영(洪國榮)이 그 부분을 읽은 다음 이진형이 그 가운데 '마음가짐'에 대한 의미를 다음과 같이 논했다.

"일을 잘 처리하는 사람은 침착하고 생각이 깊은 반면, 일을 잘못 처리하는 사람은 그 마음이 경솔하고 조급합니다. 신도 일상생활에서 경험해 보니 그러했습니다. 마음가짐은 반드시 침착하고 사려 깊은 것이 중요하며 경솔하고 조급한 것을 경계해야 할 것입니다."

내가 아뢰었다.

"춘방의 말씀은 체험에서 우러난 매우 훌륭하신 말씀입니다. 저하께서도 말로만 칭찬하지 마시고 직접 실천하신다면 도움이 되실 것입니다."

이에 동궁께서 말씀하셨다.

"말은 좋습니다. 그러나 인품이 침착하고 사려 깊은 사람은 적극성이 부족하고 나약한 경우가 많습니다. 그것은 굳센 사람이 융통성 있게 일을 잘 처리하는 것만 못합니다."

내가 아뢰었다.

27_ 필선(弼善): 세자시강원(世子侍講院)의 관리이다.

"그렇습니다. 사람의 기(氣)란 강한 것을 부드럽게 만들기는 쉽지만 부드러운 것을 강하게 만드는 것은 어렵습니다. 일반 사람들의 경우도 어릴 때 온순한 자는 커서 무엇을 이루는 경우가 드물고, 집에서 지나치게 꼿꼿한 사람이 조정에 들어가면 많은 경우 지조를 지킵니다."

동궁께서 말씀하셨다.

"내 생각도 경솔하고 조급하고 싶다는 것이 아니라 침착한 것이 현명한 것만 못하다는 말이었습니다.

그런데 나는 잠도 오지 않는 고요한 밤엔 기분이 매우 좋아져서 착한 마음이 왕성하게 일어나지만, 아침이 되고 낮에 일을 처리할 때면 마음이 흐려지고 어지러워집니다. 이것이 가장 민망한 일입니다."

내가 아뢰었다.

"마음가짐은 마음을 닦는 공부의 중요한 단서이니 일이 있건 없건 항상 마음가짐에 대한 공부를 더 해야 합니다. 움직일 때든 아니든 언제나 마음이 안정되어야 생각이 밝아져서 일을 이치에 맞게 잘 처리할 수 있습니다."

(…중략…)

동궁께서는 책을 덮은 다음에 북경의 관원에 대해 간략히 소개한 『북경진신편람』(北京縉紳便覽)을 내보이고 말씀하셨다.

"계방은 이 책을 본 적이 있습니까?"

내가 아뢰었다.

"보았습니다. 그들의 관직 제도는 명나라 제도를 따른 것으로 중국의 큰 규모를 볼 수 있습니다."

그러자 동궁께서 물으셨다.

"관직 수효가 왜 이렇게 적습니까?"

내가 아뢰었다.

"신은 이것도 많다고 생각합니다. 우리나라에 비교하면 열 배도 넘습니다."

동궁께서 다시 물으셨다.

"우리나라에 비교하면 많지만 중국은 큰 나라이니 그리 많은 줄 모르겠습니다. 우리나라는 중앙과 지방을 합해 관원의 수가 얼마나 됩니까?"

모두 자세히 모른다고 하자, 동궁께서는 곁에 있던 내시에게 관원 명부를 가지고 오게 했다. 춘방이 중앙 관원의 명부를 찾아보니 모두 구백여 명이었고, 내가 지방 관원의 명부를 찾아보니 모두 육백칠십여 명이었다. 중앙과 지방의 관원은 도합 일천오백여 명이었다. 내가 아뢰었다.

"신도 관원의 수가 이처럼 많은 줄 몰랐습니다. 이러니 당연히 경비가 부족한 것입니다."

동궁께서 말씀하셨다.

"참으로 쓸데없는 관원도 많습니다."

내가 아뢰었다.

"북경은 천관(千官)이고, 우리나라는 백관(百官)이라고 하는데 무슨 까닭에 이렇게 불어났는지 알 수 없습니다."

그러자 동궁께서 말씀하셨다.

"우리나라도 천관이라고 하는 것이 맞겠습니다."

(…중략…)

동궁께서 말씀하셨다.

"북경 관리의 봉록이 너무 적지 않던가요?"

내가 아뢰었다.

"신도 그 이유를 모르겠습니다. 그러나 왕자들의 봉록은 매년 쌀 만 곡(斛)에 은 만 냥으로 정해져 있으니 너무 후한 것 같습니다."

동궁께서 말씀하셨다.

"그 정도로 무엇이 후합니까? 우리나라는 세금도 면제받고 수천 결(結)씩의 땅을 차지하고 앉아 있으니 중국은 우리보다 덜 합니다."

(후략)

8월 26일

『주서절요』 제7권 가운데 「정정사(程正思)에게 답한 편지」에서부터 「왕성가(汪聖可)에게 답한 편지」까지를 가지고 입시하였다. 필선(弼善) 이보행과 사서(司書) 임득호가 문의를 모두 아뢰자, 동궁께서 이렇게 말씀하셨다.
　"이단(異端)의 학설도 그렇게 된 까닭을 명확히 안 다음이라야 배격하고 물리칠 수 있을 것입니다. 그렇게 하지 않는다면 어떻게 그 학설에 빠진 사람들의 마음을 감복시킬 수 있겠습니까?"

(…중략…)

동궁께서 말씀하셨다.
　"이 편지에 '과거 시험의 합격과 불합격은 마음에 담아 두지 않을 줄로 생각한다'라고 했습니다. 그 당시에도 과거가 큰일이 었던 모양입니다."

이진형이 아뢰었다.

"정정사가 과거에 합격하지 못했기 때문에 주자가 그런 말을 했을 것입니다."

동궁께서 말씀하셨다.

"주자의 말이 이러하니 그 당시 사람들의 마음을 짐작할 수 있겠습니다. 대개 보통 사람들은 과거 시험에 대한 미련을 털어 버리기가 어렵습니다. 그런데 계방은 벌써 과거에 응시할 생각을 그만두셨습니까?"

내가 아뢰었다.

"그만둔 지 벌써 사오 년 됐습니다."

동궁께서 말씀하셨다.

"과거를 포기한다는 것은 어려운 일이 아닙니까?"

내가 아뢰었다.

"신은 재주와 지식이 남들에게 미치지 못하는데다가 과거 시험의 문장 격식에는 더욱 익숙하지 못합니다. 그래서 스스로 그만둔 것이지 고상한 뜻이 있어서 그런 것이 아닙니다."

동궁께서 말씀하셨다.

"나는 계방에 대해 깊이는 모르지만 계방처럼 재주 있는 분이 어찌 과거에 합격을 못하겠습니까? 분명 과거에 대해 달갑게 여기지 않기 때문이겠지요."

이진형이 아뢰었다.

"계방이 과거를 그만둔 것은 참으로 아무나 못할 어려운 일입니다. 옛사람은 과거에 대해서 '공부에 해롭고 뜻을 빼앗긴다'라고 훈계했습니다. 과거 공부하는 사람은 대개 방탕한 경우가 많고 언행을 돌아보는 이가 없습니다. 계방이 과거를 그만둔 까닭은 아마도 참된 학문에만 전념하려는 생각 같습니다."

동궁께서 물으셨다.

"어제 관리들이 추천해 올린 명함 중에 계방에 대한 것이 어찌 그리 많습니까? 계방은 어떤 공신의 자손입니까? 또 선조들의 사적은 어떤 것이 있습니까?"

(후략)

홍대용은 44세에 세손 시절의 정조 임금을 호위하는 익위사 시직으로 선발되었다. 홍대용은 세자를 모시고 공부한 내용을 일기 형식으로 기록하여 『계방일기』(桂坊日記)라는 제목을 붙여 책으로 엮었다. 일기는 1774년 12월부터 1775년 8월까지 기록되어 있다.

'나'와 동아시아에 대한
새로운 성찰

있는 그대로의 중국을 보자

먼젓번 내형(內兄) 편에 들으니 귀하께서 제가 북경에 들어갔을 때 항주 사람들과 사귄 것을 크게 잘못된 일이라고 하셨다던데, 저로서는 이해할 수 없는 일입니다. 아무리 여러 번 생각해 봐도 귀하의 말씀은 납득이 안 됩니다. 그러니 이 기회에 저의 답답한 생각이 트일 수 있도록 가르침을 주시면 좋겠습니다.

중국 항주 사람들은 이미 오랑캐의 지배를 받는 세상에서도 지방 장관이 추천하는 것을 가지고 행세하고 다니므로 분명 제1등의 사람들은 아닙니다. 그러나 군자가 사람을 사귀는 데 사람마다 취할 점이 있는 법이니, 어떻게 제1등의 사람만 사귀고 제2등 이하의 사람은 모두 더럽게 여기며 사귀지 않겠습니까?

그들의 가슴 아픈 사정과 용서할 만한 점이 있다는 사실에 대해 대강 이야기해 보겠습니다. 지금 중국 사람들은 변발을 하고 만주 복장을 하는 등 오랑캐 풍속을 따릅니다. 청나라는 멋대로 천자의 지위를 차지하고 법으로 이런 규제를 가한 지 100여 년이 넘었습니다. 오늘날 성현 호걸이 나타난다 해도 옛 도(道)를 행하려고 경솔하게 법에 저촉되는 짓을 해서 온 집안을 망하게 하지는 않을 것입니다. 그들이 불행한 시대에 태어나 억압당하면서도 슬픔과 억울함을 참아야 하는 것은 어쩔 수 없기 때문입니다. 어진 군자라면 자신이 당한 일처럼 그들의 처지에 대해 슬퍼해야 할 것인데, 어떻게 이런 이유로 그들을 오랑캐라고 배척하면서 조금도 가슴 아파하지 않을 수 있습니까? 그리고 항주 사람들이 과거에 응시해 청나라 조정에서 벼슬을 구하고자 하는 일은 물론 성현 호걸이라면 그렇게 하지 않았을 것입니다. 그러나 모든 사람이 어떻게 성현 호걸 같을 수 있겠습니까?

계손씨(季孫氏)[1]는 임금을 쫓아냈고, 위첩(衛輒)[2]은 아비를 거역했습니다. 이 두 인물은 한족(漢族)이지만 오랑캐만도 못한 일을 했습니다. 그러나 공자의 제자로서 덕행과 학문이 뛰어났던 중궁(仲弓)과 자로(子路)는 그런 사람을 섬기고도 부끄럽게 여기지 않았습니다. 또한 이 일로 두 사람이 공자의 문하에서 배척을 받지도 않았습니다. 그러니 군자가 사람을 사귀는 데 사람마다 취할 점이 있는 것이고, 성현 호걸이 하는 일을 모든 사람이 다 할 수 없다는 것이 아니겠습니까? 또한 춘추 시대에는 여러 나라를 돌아다니며 벼슬을 구했으므로 출세할 방법이 많아 임금을 가려 가며 벼슬하기도 했고 상황을 보아 가며 벼슬하기도 했습니다. 그러나 이 두 사람은 벼슬할 곳을 잘못 살폈던 것뿐입니다. 더구나 오늘날 중국은 벼슬하지 못하면 평생 초야에 묻히고 말 뿐이니 어찌 과거 시험을 안 볼 수 있겠습니까?

---

[1] 계손씨(季孫氏): 춘추 시대 후기 노나라의 권력을 장악한 귀족이다.
[2] 위첩(衛輒): 춘추 시대 위(衛)나라 임금 출공(出公)의 이름이다.

강희(康熙)3 이후 청나라는 백성을 안정시키고 제도를 간단하게 해서 중국을 진압하고 복종시킬 수 있었습니다. 그래서 청나라의 새로운 제도가 100년 동안 중국 사람들에게 익숙해져서 과거의 전통처럼 편하게 여기게 되었습니다. 그러니 제가 만난 항주 사람들이 중국 사람으로서의 의리를 지키지 못하고 높은 벼슬을 주면 달려가는 사람이라고 심하게 꾸짖을 필요는 없을 것입니다. 만약 이런 이유로 저들을 만주족을 따르는 짐승으로 여기고 중국 사람으로 인정하지 않는다면 이는 어진 군자의 마음씀씀이가 아닙니다. 그들이 명나라에 대한 충성과 의리를 지키지 못했다고 할 수 있지만, 예부터 천하의 대세는 늘 뒤바뀌어 왔던 것입니다. 세상이 바뀐 뒤에도 과거 역사를 잊지 않도록 하기는 어려운 것입니다.

복식 제도가 변한 것에 대해서는 어리석은 사람들도 화젯거리로 삼을 뿐만 아니라 가끔 우리의 옷차림을 보고 명나라 옛 제도라고 말하며 부끄럽게 여기는 기색이 있었습니다. 또 명나라와 청나라 교체기의 일을 말할 때에는 울분을 털어놓았습니다. 제가 직접 대해 본 그들은 청나라 오랑캐가 된 부끄러움을 마치 은(殷)나라의 신하가 주(周)나라 종묘에 제사를 지내는 것처럼, 나라가 망한 것보다 더 슬퍼했습니다. 이야기 중에 시국과 관련된 조심해야 할 부분에서는 머리를 숙이고 대답이 없는 경우도

3_ 강희(康熙): 청나라의 제4대 황제 강희제(1654~1722)의 연호.

있었지만 이상할 게 없습니다. 그리고 중국은 우리보다 큰 나라이고 중국인들은 뛰어난 재주를 가졌음에도 불구하고 저처럼 보잘것없는 자와도 옛 친구를 대하듯 흉금을 터놓고 즐기더군요. 이렇게 툭 트이고 시원시원한 기상이 취할 점이 있어 서로 오가며 마음을 기울여 가깝게 지낸 것입니다. 저는 이것을 잘못이라고 생각하지 않았습니다.

 그런데 지금 귀하의 의논을 들으니 멍해져서 절로 맥이 빠집니다. 이상과 같이 저의 소견을 아뢰오니 고명한 가르침 바라며 자세히 바로잡아 주시면 다행이겠습니다. 그들과 문답한 편지는 대강 기록한 것이 있으나 반쯤은 잃었고 볼 만한 것도 없습니다. 또 귀하가 이미 그들과의 교제를 잘못이라 했으니 감히 그 더러운 것을 다시 드러내 귀하께 거듭 죄를 지을 필요는 없을 것 같습니다. 우습군요.

홍대용은 중국 여행 후 견문록을 저술하는 한편, 중국인 벗들과 주고받은 말과 편지 등을 엮어 책을 만들었다. 이러한 저술들은 국내에서 큰 반향을 일으켰다. 변화하는 동아시아의 현실을 직시하고 새로운 시대의 대안을 모색하던 지식인들에게는 대단한 찬사를 받았고, 명분론에 빠져있던 기존의 성리학자들에겐 거센 비난을 받았다. 이 글은 홍대용의 중국 여행에 대해 비판한 김종후(金鍾厚, ?~1780)에게 보낸 답서이다.

'오랑캐'에 대하여

(전략)

오랑캐가 오랑캐인 까닭은 무엇이겠습니까? 그들에겐 예의도 없고 충효(忠孝)도 모르며, 천성이 살벌하고 금수같이 행동하기 때문이 아닙니까? 아비를 거역한 자식과 임금을 쫓은 신하는 예의도 충효도 없으니, 살벌한 것을 좋아하고 금수와 같은 오랑캐와 비교하여 무엇이 다릅니까?

그런데 오늘날 오랑캐는 중국에서 오래 살면서 점점 예의를 숭상하고 충효를 본받게 되었습니다. 그래서 오랑캐가 처음 발흥했을 때처럼 살벌하거나 금수 같지 않습니다. 그렇다면 '중국도 오랑캐만 못할 수 있다'는 말을 왜 못하겠습니까? 만약 내가 한 이런 말로 오랑캐가 지배하는 청나라의 정치를 칭찬했다고 꼬투리를 잡는다면 다음부턴 입을 막고 말을 하지 않겠습니다. 중국 선비들은 이미 신분이 무너진 시대의 습속에 익숙해져서 남들을 따라 오랑캐 조정에서 벼슬을 구하면서도 명예와 신분이 더럽혀지는 줄도 모르게 된 것입니다. 중국 선비들이 이런 것을 즐거워하겠습니까마는 시대의 형편이 그러한 것입니다. 남의 단점은 버리고 장점만 취한다면 세상에는 버릴 재주가 없습니다.

(…중략…)

오랑캐의 행동이 금수 같다고 말할 수는 있겠지만 사람이 아니라고 한 것은 너무 지나칩니다. 중국 사람이 이런 말을 했어도 너무 지나치다 할 것인데, 우리가 이런 말을 하면 옛날 중국 사람들이 비웃지 않겠습니까?

(…중략…)

그리고 제가 만난 중국 항주의 벗들이 '명나라가 망한 것을 가슴 아파하지 않았다'고 한 것은 잘못 전달된 얘깁니다. 그랬다면 제가 왜 그들을 찾아갔겠습니까? 그들과 만날 때는 붓으로 쓰며 대화했는데, 시국에 저촉되는 말이 많아 지우고 고친 부분이 많았습니다. 당대의 제도를 찬양할 땐 웃으며 뜻을 보이기도 하고, 옛것을 언급할 땐 서로 돌아보면서 아무 말 못하고 흐느끼기도 했습니다. 또 그들의 글과 그림에도 청나라의 연호를 쓰지 않는 우리들의 뜻을 따라 연호를 빼 주었습니다.

(…중략…)

　우리나라가 오랑캐가 된 것은 지리적인 위치 때문이니 그 사실을 숨길 필요가 있겠습니까? 오랑캐로 태어나서 오랑캐로 살아도 성인(聖人)이나 위대한 인물이 될 수 있습니다. 우리가 무슨 불만이 있겠습니까? 우리나라는 중국을 본받아서 오랑캐란 이름에서 벗어난 지 오래되었습니다. 그래도 중국과 비교하면 구분이 있을 수밖에요. 별 볼일 없고 쪼잔한 재주를 가진 사람들이 이런 말을 들으면 대부분 화내고 부끄러워하면서 좋아하지 않습니다. 그것은 우리 풍속이 편협하기 때문입니다만 고명한 그대까지 이럴 줄 미처 몰랐습니다.

(…중략…)

　제 편지 중에 '강희(康熙) 이후' 운운한 부분에서 '강희'를 언급한 것은 청나라의 연호를 인용한 것뿐이지 '강희제'라며 천자나 황제로 일컬은 것은 아니었습니다. 그건 현재 청나라에서 쓰이는 말일 뿐인데, 그대는 내가 '만력(萬曆)이나 '숭정(崇禎)[1]과 같은 명나라 황제들의 연호처럼 당당하게 말하더라고 했습니다. 이것은 한 구절만을 따내서 나에게 죄를 덮어씌우려는 것 아

---

[1] '만력(萬曆)이나 '숭정(崇禎)': '만력'은 명나라 신종(神宗)의 연호이고, '숭정'은 명나라 의종(毅宗)의 연호이다.

닌지요?

　　(후략)

　이 글은 앞의 글과 마찬가지로 김종후가 홍대용의 중국 여행과 관련하여 비난의 글을 보내오자 그에 대해 답한 것이다. 이 글에서 홍대용은 '화이론'(華夷論)이라는 중화와 오랑캐에 대한 전통적인 인식을 과감하게 비판하고 있다.

일본도 성인의 나라다

두남(斗南)의 재능과 학대(鶴代)의 학문, 초중(蕉中)의 문학과 신천(新川)의 시, 겸가(蒹葭)·우산(羽山)의 그림, 문연(文淵)·대록(大麓)·승명(承明)의 글씨, 남궁(南宮)·태실(太室)·사명(四明)·추강(秋江)·노당(魯堂)의 풍모.1_ 이러한 것들은 우리나라는 물론 중국에서도 쉽게 볼 수 없다. 더구나 앞에서 말한 것은 원중거(元仲擧)2_가 엄밀하게 골라서 뽑은 것도 아니었을 것이니, 그 나머지를 상상할 수 있다. 이러니 일본이 동쪽 바다 멀리 떨어진 지역이라고 해서 어떻게 깔볼 수 있겠는가? 일본이 이렇게 글을 숭상하는 풍습이 늘어나서 무력이 약해지고 기교도 줄고 칼날도 점점 무뎌져 간다면, 서쪽 이웃 나라인 우리가 크게 복을 받게 될 것이다. 그러니 일본의 이(伊)씨와 물(物)씨3_는 우리에게 존경받아 마땅하다.

원중거가 우리나라에서 등용되지 못하자 때를 만나지 못한 선비와 관련된 고사를 말하며 오랑캐 땅이라도 자신이 쓰일 수 있다면 갈 수 있다고 한 말을 어찌 믿지 않겠는가? 공자께서도 자신을 받아들이는 나라가 없자 바다로 떠나겠다고 했던 것은 참으로 까닭이 있었을 것이다.

1_ 두남의~풍모: 원중거는 일본 학자와 문인들의 문예작품을 모아 『일동조아』(日東藻雅)라는 책을 엮은바, 이 대목은 그 책에 등장하는 인물들을 열거한 것이다
2_ 원중거(元仲擧): 1719~?. 호는 현천(玄川)이다. 1763~1764년 조선 통신사의 서기로 일본에 다녀온 바 있다. 뛰어난 재능을 가졌으나 서얼 출신이라는 신분의 한계 때문에 말년에 산골에 은거했다.
3_ 이(伊)씨와 물(物)씨: 이토 진사이(伊藤仁齋, 1627~1705)와 오규 소라이(荻生徂徠)를 말한다. 17세기 일본을 대표하는 학자들이다.

일본의 이(伊)씨와 물(物)씨의 학술에 대해서는 자세히 알 수 없지만, 그 요체는 몸을 닦고 백성을 구제하는 것이니 그 또한 성인의 무리라고 할 수 있다. 그러니 자기네의 학술에 따라 정치를 해도 또한 좋지 않겠는가? 돌벼가 익어도 흉년을 구할 수 있는 법이다. 그러면 우리나라는 어떤가? 망령스럽게 공허한 논의를 일삼고, 함부로 불가·도가의 학술을 배척한다. 이렇게 진리에 가탁해 거짓을 파는 것은 우리 학문에 이롭지 않다. 그러므로 원중거가 주장하는 '정통 유학을 밝혀 이단의 학설들을 없애겠다'라고 한 것은 우리 학문의 급선무라고 할 수 없을 것이다.

원중거는 통신사의 일원으로 일본에 다녀와 일본인의 시문서화 등을 모아 『일동조아』(日東藻雅)라는 책을 엮었다. 이 글은 그 책에 부친 발문(跋文)이다. 홍대용은 이 글에서 당시 섬나라 오랑캐로 치부했던 일본에 대해 그들이 이룬 주체적인 문화와 학문의 수준을 인정하면서, 정통과 이단을 따지는 조선 유학자들의 헛공론을 비판하고 있다.

우리나라의 노래

노래는 정(情)을 말로 표현한 것이다. 정이 말에 움직이고, 말이 글로 이루어진 것을 노래라고 한다. 좋은 노래란 기교를 버리고, 옳고 그름도 잊고, 자연스러운 가운데 천기(天機)[1]에서 나오는 것이다. 그래서 『시경』(詩經)의 국풍(國風)은 민간 가요를 많이 실었으니, 한편으로는 덕성을 기르는 교화의 측면도 있고 또 한편으로는 아름답지 못한 풍속을 풍자하는 뜻도 있다. 그것은 요순시대의 태평가보다는 못하지만, 모두 당시 사람들의 순수한 본성에서 나온 것이다.

그래서 각 지방에서는 자기 지역의 노래를 보고하고, 악관은 이런 노래들을 채집해서 악기 연주를 붙여 연회 때 사용한다. 그리하여 거문고를 타고 글을 외우는 학교의 선비에서부터 패랭이를 쓰고 농사짓는 들판의 백성들까지 모두 그 노래를 듣고 기뻐하고 감동하여 점점 착해지는데, 자신들은 그런 연유를 알지 못했다. 이는 시의 교화가 아래에서부터 위까지 통한 것이다.

주(周)나라 이후 중국은 중화 민족과 오랑캐 민족이 뒤섞이다 보니 방언이 갈수록 변했고, 풍속이 경박해지면서 꾸밈은 갈수록 늘어 갔다. 방언이 변하니 시와 노래의 형식이 달라지고,

---

1_ 천기(天機): 진실된 마음을 뜻한다.

꾸밈이 늘어나니 정과 글이 서로 맞지 않게 되었다. 이리하여 음률의 기교나 시 형식은 교묘해졌지만 자연스러움은 더 없어졌고, 조리는 바르게 되었지만 천기는 더욱 상실되었다. 이런 식이라면 『시경』을 계승하여 나라를 교화시킬 수 있겠는가?

민간에서 지은 가요는 자연의 소리에서 나온 것이므로 중화와 오랑캐 사이에 곡조와 박자가 다르긴 해도 각기 풍속을 따른 것이 많다. 곡조는 다를지언정 장을 나누고 운을 맞추고 감동을 말로 형용한 것이라는 점에서 '오늘날의 음악과 고대의 음악이 같다'고 할 수 있다. 그런데 그런 글이 옛 가사를 본받지 않고 문장도 조잡하고 속되다고 하여 제후국에서는 위에 아뢰지 않았고 중앙의 음악 관리들도 채집하지 않았다. 그리하여 당시 천자에게 음률에 맞춰 올릴 수 없게 되었다. 또한 후세 사람들도 당시의 노래가 남아 있지 않아 당시의 정치가 잘 다스려졌는지 혼란했는지를 상고할 수 없게 되었다. 여기서부터 『시경』의 교화(敎化)가 완전히 무너진 것이다.

조선은 중국 동방의 오랑캐 나라로 풍기(風氣)가 편협하고 천박하며 언어도 오랑캐의 말이다. 시의 기교는 중국을 따를 수 없고 운문으로 된 형식은 더욱 들을 것이 없다. 노래라고 하는 것은 모두 항간에 퍼져 있는 상말로 엮었는데 간혹 한자어도 섞여 있다. 옛것을 좋아하는 사대부들은 노래 짓기를 좋아하지 않아서 대부분 어리석은 사람들의 손에서 많이 이루어졌다. 그래서 군자들은 노랫말이 천하고 속되다고 하여 취하지 않는다. 그러나 『시경』에서 '풍'(風)이라고 하는 종류의 시는 본래 민간의 보통 말로 되어 있다. 그렇다면 당시에 그 노래를 듣던 사람도 지금 사람이 지금 사람의 노래를 듣는 것과 같지 않았을까?

입에서 나오는 대로 노래가 지어졌어도 말이 마음에서 우러나온 것이고, 또 곡조에 잘 맞진 못해도 천진(天眞)이 드러나는 것이라면, 나무꾼이나 농부의 노래일지라도 역시 자연스러운 데서 나온 것이다. 그것은 사대부들이 가사를 여러 번 고치고 다듬어서 말은 옛날 가사 같지만 그 천기를 깎아 없앤 것보다 훨씬 낫다. 노래를 통해 민정을 살필 줄 아는 사람이라면 옛 노래 형식에 구애되지 않고 노래의 뜻을 미루어 생각할 것이다. 사람들로 하여금 노래를 통해 기뻐하고 감동하게 하여 백성들을 진작시키고 좋은 풍속을 만들고자 한 의도는 예나 지금이나 다르지 않다.

또 비유하고 흥을 일으키는 뜻과 시대를 슬퍼하고 역사를 생각하는 말이 혹 현인·군자의 입에서 나오면 임금에게 충성하고 어른을 사랑하는 뜻에 맞아서 노랫말이 끝나도 그 뜻이 여운처럼 남게 된다. 이것은 『시경』의 국풍과 아송(雅頌) 편에 실린 시들의 전통을 깊이 얻은 것이다. 그래서 그 말은 얕으면서도 밝고, 그 뜻은 순하면서도 드러나 아녀자들이 들어도 모두 쉽게 알 수 있다. '시를 통한 교화가 위아래로 통한다'라는 말은 이런 것이 아니고 무엇이겠는가?

　　예전부터 지금까지 전해 온 것을 뽑아모아 두 책을 만들고 『대동풍요』(大東風謠)라는 이름을 붙였는데, 일천 편이 넘는다. 또 그 끝에는 별곡(別曲)으로 된 수십 편을 붙여서 악관이 채택할 수 있도록 했으니, 당대의 풍속을 살펴 정치 하는 데에 도움이 될 것이다. 희롱하고 음탕한 말도 들어 있는데, 이것은 공자께서 『시경』에 정풍(鄭風)과 위풍(衛風) 같은 음탕한 시들을 버리지 않고 실었던 뜻과 같다. 주자는 『시경』에 잡된 시가 실린 것에 대해 "이런 시를 통해 스스로 반성하여 선(善)을 권면하고 악(惡)을 징계하게 하니, 이것 또한 가르침이 된다"라고 했다. 더욱이 위정자라면 이를 몰라서는 안 될 것이다.

　　홍대용은 우리나라의 시조 일천여 수를 모아 『대동풍요』(大東風謠)라는 시가집을 엮었다. 이 글은 그 책의 서문으로 우리 말 가요의 의의에 대한 논의를 펼치고 있다.

금강산이 아니라 바다를 보라

　금강산은 우리나라의 장관이지만 태호(太湖)[1] 정도의 경관에 지나지 않는다. 우리나라 사람들은 망령되게도 금강산을 신선이 사는 봉래산(蓬萊山)이라고 부르면서 쌀을 바치고 절까지 하는 미친 짓을 한다.

　내가 일찍이 정양사(正陽寺)[2]에 올라 중향(衆香)[3]의 여러 봉우리를 바라보니 촘촘히 치솟은 것이 창을 모아 세운 듯했다. 영원과 원통의 여러 골짜기는 위태롭고 궁벽하며 험하고 좁아서 보는 사람의 마음이 즐겁지 않았다.

　만약 신선이 있다면 이것은 항간에서 말하는 김신선(金神仙)[4] 따위일 것이다.

　우리나라에는 안목을 갖춘 자가 적다. 그래서 한갓 남의 말만 믿고 "봉래산은 신선의 산이므로 온 천하의 명산을 제압할 것이다"라고 말한다. 바로 이런 것이 우리나라의 비루한 버릇이다.

　나는 금강산을 보고 나서 우리나라에서 사람 되기가 어렵다는 것을 알았다. 또한 안문(雁門)을 나와서 효령(孝嶺)에 올라 멀리 동해 바다를 바라보고는 그만 망연자실해졌다.

　나의 아우가 금강산으로 유람한다 하므로 이 글을 적어 주

1_ 태호(太湖): 중국의 강소성과 절강성에 걸쳐 있는 큰 호수 이름이다.
2_ 정양사(正陽寺): 금강산에 있는 사찰이다.
3_ 중향(衆香): 금강산에 있는 중향성(衆香城)을 가리킨다.
4_ 김신선(金神仙): 연암(燕巖) 박지원(朴趾源)은 그에 대한 일화를 「김신선전」(金神仙傳)에 서 소개한 바 있다. 「김신선전」의 말미에는 공중을 떠다니는 신선 같은 것은 없고, 신선이란 그저 '울울히 뜻을 얻지 못한 사람'일 것이라고 하였다.

고, 그의 관점은 어떤가 묻는 바이다.

이 글은 금강산을 세계 최고의 명산이라고 하는 당시 일반의 평가를 뒤엎는다. 더 큰 세상을 안다면 금강산은 그저 한 지역의 명산 정도라는 것이다. 그리고 홍대용은 금강산 너머의 바다로 시선을 돌린다. 홍대용에게 '바다'란 서양을 포함한 더 넓은 세계를 의미한다.

실학의 모색

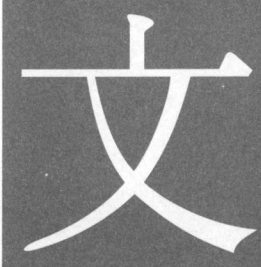

쓸데없는 연구, 쓸데없는 저술들

(전략)

현재의 세상에 옛날의 도(道)를 시행한다는 것은 어렵지 않겠습니까? 죽을 때까지 연구하고 여러 대에 걸쳐 분석해 봐야 그것은 실상 개인의 수양이나 국가의 부흥과 아무 상관도 없는 일입니다. 게다가 오히려 모여서 '예'(禮)에 대해 이러쿵저러쿵하며 다툰다고 나무람만 당할 뿐입니다. 그렇다면 '예'라는 것은 천문·수학·재정·군사에 대한 학문이 세상에 유용하게 사용되는 것만 못합니다. 익지 않은 곡식은 잘 익은 돌벼만도 못한 것이지요. 하물며 분서갱유를 면했던 책 조각을 주워 모아 한(漢)나라 유학자들이 억지로 번잡한 말을 붙이고 글귀마다 해설하여 성인의 마음을 깨닫고자 한다며 쓸데없이 심력을 기울인 것이니 대체 어떠하겠습니까?

(…중략…)

옛글에 대해 고증한다거나 태도를 온화하게 하여 옛것에만 의존하는 일은 부질없는 명예를 얻으려는 행동입니다.(…) 저는 이런 일이 부끄럽고, 그렇게 하는 사람들과 함께한다는 것이 달갑지 않습니다. 천문·수학·재정·군사는 범위가 넓어서 종잡을 수 없으므로 하나도 깨달은 것이 없지만, 지극한 이치가 있으므로 빠뜨릴 수 없는 분야입니다.

(…중략…)

아아! 공자(孔子)의 칠십 제자가 죽은 뒤 대의(大義)가 어그러졌습니다. 장자(莊子)[1]는 세상을 통분히 여겨 「제물편」(齊物篇)과 「양생주」(養生主)[2]를 지었고, 주자(朱子) 문하의 후학들은 그 스승의 학설을 어지럽혔으며, 왕양명(王陽明)[3]은 습속을 미워하여 '양지'(良知)를 기르는 것을 주장했습니다.[4] 장자나 왕양명같이 뛰어난 학자가 어째서 일부러 갈래를 만들어 이단의 학설을 주장하고 싶었겠습니까? 단지 세상을 통분히 여기고 습속을 미워하여 왜곡된 것을 바로잡는다는 것이 너무 지나쳤기 때문입니다.

저 같은 자는 어리석어서 세상에 아첨도 못하고 옛것을 그대로 받들지도 못합니다. 더구나 요즘은 세상에 대해 개탄하게 되고 유학자들의 행태가 미워지니 어찌하겠습니까? '장자나 왕양

---

[1] 장자(莊子): 전국 시대 도가(道家) 사상의 대표적 인물로, 유가 사상을 비난했다.
[2] 「제물편」(齊物篇)과 「양생주」(養生主): 『장자』(莊子) 내편(內篇)에 실린 일곱 편의 글 가운데 두 편이다. 「제물편」은 만물은 우열, 귀천, 선악, 시비로 구별될 수 없다는 만물일체의 뜻을 담고 있는 글이다. 「양생주」는 삶을 피곤하게 하는 지식을 아는 것보다는 인간 내면의 기운을 길러 편안히 타고난 수명을 다하고자 하는 양생(養生)에 대한 내용이다.
[3] 왕양명(王陽明): 1472~1528. 명나라의 사상가로, 이름은 수인(守仁)이다. 그는 당시 주자의 사변성과 번잡함에 회의하여 새로운 사상적 모색을 시도한 인물이다. 그는 주자학을 비롯해 도교, 불교, 육상산의 사상을 두루 공부하여 '양명학'이라는 실천성이 강한

명의 학설이 정말 내 마음과 같다'라는 망령된 생각으로 세상을 돌아보며 슬프게 여겼습니다. 그래서 몇 번이나 유학에서 도망쳐 묵가(墨家)5_의 학문을 할까도 싶었습니다. 뜻을 굳게 세우지 못하고 학문의 방향도 깨닫지 못하여 방황하고 있으니, 나 자신도 몹시 민망하고 남들 또한 웃을 것입니다.

(…중략…)

또 한 말씀드리겠습니다. 어려서 배우고 커서 실천하는 것이 유학자의 본마음입니다. 그런데 만약 실천하지도 못하고 밝히지도 못할 처지에서 후세를 걱정한다면, 부득이 글을 지어 후세 사람들을 깨우쳐 주는 것입니다. 그런데 어찌 남보다 우월하려고 힘을 들이고, 박식함을 자랑하기 위하여 쓸데없는 글을 써야 한단 말입니까?

육경(六經)6_이 공자의 문하에서 정리되자 사람의 도리가 성립되었고, 정자(程子)와 주자(朱子)가 그에 대해 주석을 달자 사람의 도리가 밝아졌으니, 책을 쓴 공로는 이보다 더 큰 것이 없습니다. 그런데 선비들은 그 근본은 버리고 지엽적인 것을 따라서 겉모양을 본뜬다고 주석에 주석을 달고 또 달아냅니다. 그들은 공자와 주자가 공자답고 주자답게 된 까닭이 도(道)에 있는

독자적인 학문을 개척했다.
4_ 왕양명은~주장했습니다: 왕양명은 천지 만물의 이치는 모두 마음에 있다고 보아, 지식은 마음에서 나오는 것이지 따로 밖에서 구할 필요가 없다고 보았다. 사람은 경험이나 교육에 의하지 않고도 알며 행할 수 있는 선량한 본성인 '양지'(良知)를 가지고 있다고 했다. 그래서 사람은 사욕을 버리고 양지를 길러야 함을 주장했다.
5_ 묵가(墨家): 춘추 시대의 학술 사상으로, 묵자(墨子)가 창시했다. 유가(儒家)와 대립적인 사상으로, 유가의 예악(禮樂)에 대해 반발했다.
6_ 육경(六經): 유가의 여섯 가지 경서인 『역경』(易經), 『서경』(書經), 『시경』(詩經), 『춘추』

것이지 글에 있지 않았다는 것을 모르나 봅니다.

　반평생 동안 정신을 소모하면서 쓸데없는 일백여 권의 글을 짓는다는 것은 개인의 이익을 위한 것입니다. 그런 글들은 사람들의 의견만 혼란시킬 뿐이고, 세상을 교화하는 데에는 아무 도움이 되지 않습니다. 이것은 실로 근세 유학자의 마음속에 도사린 불치병입니다.

　대개 사람의 마음과 능력은 한계가 있는 법이고, 참된 도리란 끝이 없으므로 일에 맞게 계획을 세워 밖으로 실제의 사업을 펴야 합니다. 또한 조용히 수양하며 안으로 근본에 대한 참된 공부도 해야 합니다. 그런데 요즘은 배우는 것을 좋아하는 사람조차도 평생 부지런히 애쓰는 것이 고작 글줄이나 본다거나, 아니면 이 책 저 책 뒤적이며 고증하는 정도입니다. 일은 게을리 할지언정 글을 많이 읽지 못할까 걱정이고, 근본은 날로 거칠어 가도 저술을 많이 못할까 두려워합니다. "일을 하고 남은 힘이 있으면 글을 배운다"라고 한 성인의 가르침은 사라진 지 이미 오랩니다.

　옛날 학자들은 책이 없어서 걱정이었고, 오늘날 학자는 책이 너무 많아서 걱정입니다. 옛날에는 책이 없어도 영웅과 현자가 배출되었는데, 지금은 책이 많아도 인재가 날로 줄어듭니다. 어째서 고금이 이처럼 다른 걸까요? 사실은 책이 많은 게 화근

(春秋), 『예기』(禮記), 『악기』(樂記)를 말한다.

입니다.

또한 오늘날 정치 담당자는 무엇을 걱정해야 하는지 알아야 합니다. 선배께선, "후세 학자는 형이상학적인 심성론(心性論)에 대해서는 말하지만, 예(禮)에 대해서 이야기하는 것은 좋아하지 않는다"라고 했습니다. 그런데 선배께선 어째서 이런 말씀을 하십니까? 선배께서 예에 대해 늘어놓은 여러 말들은 보기에 눈이 아프고 듣기에 귀가 어지러운 정도가 아닙니다. 형식과 문구만을 모방하여 겉으로 꾸미기나 좋아하니, 설령 옛것을 고증해서 책을 만들었다 해도 쓸데없는 것이 될 것입니다.

(…중략…)

예절이 실제 행해야 할 급한 일이라면, 천문·수학·재정·군사는 실제 시행해야 할 중요한 분야가 아니겠습니까? 천문·수학·재정·군사 등이 하위의 학문이라고 생각할 수도 있지만 유독 그 부분에 대해서는 책임지지 않는 것은 무슨 이유입니까? 그러면서 예절에만 중점을 두고 주석에 또 주석을 낸 것을 저로서는 이해할 수 없습니다.

또 잘 모르겠지만, 선배께서 이런 글을 쓰지 않으면 세상이 주자의 글을 이해할 수 없는 겁니까? 아니면 이런 글을 써야만

주공(周公)7_의 올바른 제도가 비로소 땅에 떨어지지 않는 겁니까? 이 글이 사람들에게 조금이라도 도움은 되겠지요. 그러나 이 시대에 필요한 진정한 큰일은 팽개치고, 마음과 정신을 써 가며 이룩한 작은 성과로 사람들을 돕고자 한다면 이것은 남을 위한 것입니까, 자기를 위한 것입니까? 선배께서는 정말 힘써야 할 곳을 안다고 할 수 있겠습니까?

육경(六經)에는 고대 왕들의 큰 법과 공자·맹자·정자·주자의 중요한 법이 다 갖추어져 있습니다. 선배께선 "큰 뜻만 알면 된다"라고 했지만, 저는 그것으로는 미진한 것 같습니다. 성인들은 '육경'에 세상을 다스리는 큰 법과 예와 음악과 군사와 형벌에 대한 모든 것을 갖춰 놓았는데, 왜 선배께서는 그중에서 접대와 인사, 예절에 대한 것에만 주석에 또 주석을 붙이며 저술을 끝내려고 합니까? 선배께서는 왜 지엽적인 글을 깎아 없애지 않습니까?

진리를 근본으로 하여 여러 의례(儀禮)를 두루 참작하고, 특정한 형식을 꼼꼼하게 살펴 나머지 부분으로 확장시키고, 세상을 다스릴 수 있는 지혜를 채워 간다면 예절은 걱정할 게 없습니다. 그리고 의례란 시대의 흐름에 적절하게 대응하면 어떤 방식을 택하든 모두 맞는 것입니다. 이렇게 한 다음에야 이와 같은 일을 직접 맡을 수 있는 것입니다.

7_ 주공(周公): 주(周)나라 무왕(武王)의 아우로, 이름은 단(旦)이다. 주나라의 예악 제도(禮樂制度)의 대부분을 그가 완성했다.

말이 미친 듯이 지나쳤습니다. 저도 제 잘못을 압니다. 그래도 선배께서 저의 단점을 지적해 주고 장점은 취하여 포용해 준다면 저도 마음을 다해 선배에게 진정한 충고를 하는 친구가 될 것입니다. 그러나 선배께서 굳이 없는 사실을 찾아내 제가 유학의 법도를 배척한다고 지적하면, 장차 저는 유학의 길을 버린 장자(莊子)가 되는 겁니까, 아니면 유학에서 다른 길로 빠진 왕양명이 되는 겁니까? 망령스러운 말은 이 정도에서 마칩니다. 양해하고 살펴 주십시오.

(후략)

이 글은 석실서원의 선배 학자인 김종후에게 보낸 편지로, 김종후가 예학(禮學)에 관한 주석서를 저술한 것에 대해 자신의 의견을 피력한 것이다. 홍대용은 이 글을 통해 시대에 필요한 학문은 제쳐 두고 학문의 지엽 말단에 심력을 기울이는 당시 유학자들을 비판하면서 자신의 실학적 학문의 지향을 밝히고 있다.

숲 아래서의 경륜

행정 조직에 대한 구상

국토는 아홉 도(道)로 나눈다. 서울이 그중 하나이다.(각 지방의 넓이는 반드시 균등하게 한다.)

각 도에는 한 명의 도백(道伯)을 둔다.(그 직위는 정2품으로 하고, 군대와 백성을 함께 관리하도록 한다. 3년마다 실적을 점검하여 직무에 충실하다면 종신토록 그 직위를 보장한다. 목사와 군수 이하도 이와 같이 한다.)

도는 아홉 군(郡)으로 나눈다. 백영(伯營)이 그중 하나이다. 군에는 군수(郡守) 한 명을 둔다.(직위는 종3품으로 한다.)

군은 아홉 현(縣)으로 나눈다. 수치(守治)가 그중 하나이다. 현에는 한 명의 현감(縣監)을 둔다.(직위는 종5품으로 한다.)

현은 아홉 사(司)로 나눈다. 감치(監治)가 그중 하나이다.(직위는 종7품으로 한다.)

면(面)에는 면임(面任) 한 명을 둔다.(직위는 종9품으로 한다.)

면임은 사장(司長)에게, 사장은 현감에게, 현감은 군수에게, 군수는 도백에게, 도백은 임금에게 통솔을 받는다. 임금만이 승진과 퇴임을 시킬 수 있고, 도백만이 업적을 평가할 수 있으며, 군수만이 상벌을 내릴 수 있다.

아홉 도(道)의 전답에 십분의 일씩 균일하게 과세하고, 결혼한 남자에게 각각 전답 2결(結)씩 받게 한다. 그가 죽으면 3년 뒤에 다른 사람에게 이전한다.

밭 주변이나 울타리 밑에 뽕나무와 삼을 심게 한다. 심지 않는 자에게는 벌로 무명 한 필을 내게 한다. 한 집에 부녀가 세 명이면 무명 한 필, 부녀가 다섯 명이면 비단 한 필을 바치게 한다. 15세 이상부터 해당하며, 50세가 되면 바치지 않는다.

험한 요새 지역을 택해 성을 높이 쌓고 도랑은 깊이 판다. 봄이 되면 농막에 나가 살도록 하는데, 남자는 농사에 힘쓰고 여자는 부지런히 누에치기를 한다. 틈이 나면 효도와 공경하는 도리를 강론하고, 무술 훈련도 한다. 그러다가 서리가 내리고 곡식을 거두게 되면 소와 말에 싣고 모두 성안에 모여서 나라에 세금을 바친다. 나라에서는 수입을 따져서 지출한다.

50세가 넘어야 비단옷을 입고 고기를 먹는다. 남은 양곡은 저축하여 자연재해에 대비한다. 군사의 인원을 조사하고 기예를 겨루며 상벌을 분명히 하되, 개별로 그 재능을 시험하기도 하고 단체로 진법(陣法)을 연습하기도 하고, 성에서 훈련하기도 하고 들에서 연습하기도 한다. 병기를 수리하고 군사를 장려하는바, 항상 경계 태세를 갖추어야 한다.

학교 제도

안으로 왕도(王都)의 9부와 밖으로 도(道)에서 면(面)까지 모두 학교를 설치하고 각각 교관을 둔다. 면마다 재(齋)가 있고, 재에는 장(長)이 있다. 장은 연령과 덕이 높아 사표가 될 만한 사람으로 한다.

면 내에 8세 이상의 자제들을 모두 모아 효도·공경·충성·신의의 도리를 가르치며, 활쏘기·말타기·글쓰기·셈하기를 익히게 한다. 그중에서 재주가 많고 행실이 뛰어나 쓸 만한 사람이 있으면 사(司)로 보낸다. 사에서는 교관이 모아 가르치는데, 우수한 순서대로 뽑아 대학(大學)으로 보낸다. 대학에서는 교육 담당 관리인 사도(司徒)가 관장하여 가르치는데, 학생의 언행을 관찰하고 학식과 재주를 시험하여 매년 정월에 그중 어질고 뛰어난 사람을 조정에 추천해서 관직을 내리고 책임을 맡긴다. 재주는 높은데 관직이 낮은 자는 차례대로 승급시키고, 능력이 없는 사람은 물리친다.

모든 인민이 일하는 나라

인품에는 높고 낮음이 있고, 재주에는 장점과 단점이 있다. 그 높고 낮음에 따라 단점은 버리고 장점만 쓴다면 세상에 전혀 못 써먹을 재주는 없다. 면에서 가르친 뒤 그중에서 뜻이 높고 재주가 많은 자는 조정에서 쓰이게 한다. 자질이 둔하고 별 볼일 없는 자는 시골에서 쓰이도록 하는데, 그중 아이디어가 좋고 솜씨 좋은 자는 공업에 종사하게 하며, 이익에 밝고 재물을 좋아하는 자는 상업에 종사하게 하여, 모사(謀事)를 좋아하고 용맹이 있는 자는 군인이 되게 하고, 소경은 점을 치게 하며, 궁형 당한 자는 문을 지키게 하여서 벙어리·귀머거리·앉은뱅이라도 모두 일자리를 갖도록 해야 한다. 그리고 놀면서도 먹고 입으며 일하지 않는 자는 나라에서 벌주고 마을에서도 버려야 한다.

(…중략…)

우리나라는 본래부터 명분을 중요하게 여겨서 양반은 아무리 어렵고 굶주려도 팔짱 끼고 죽치고 앉아만 있을 뿐 농사일을 하지 않는다. 간혹 성실하게 일하고 부지런히 실업에 종사하여 몸소 천한 일을 하는 사람이 있으면 모두 나무라고 비웃으며 무시한다. 그래서 자연히 노는 백성은 많아지고, 일하는 자는 줄어든다. 이러니 재정이 궁핍해지고, 백성이 가난해지는 것이 아니겠는가?

마땅히 법 조항을 엄격히 정해 사농공상(士農工商) 어디에도 종사하지 않으면서도 놀고먹는 자에 대해서는 관에서 벌칙을 마련하고, 사회가 용납하지 말아야 한다. 재능과 학식이 있다면 비록 농부나 장사치의 자식이 정부에 들어가 앉아도 분수에 넘치는 일이라 할 수 없고, 재능과 학식이 없다면 비록 고관의 자식이라도 하인이 되는 것을 한탄할 수 없다. 위와 아래가 힘을 다해 함께 그 직분에 힘쓰도록 하며, 부지런한 자에게는 상을 주고 게으른 자에게는 벌을 주어야 한다.

사치 근절

가정에서건 국가에서건 사치보다 더 나쁜 것은 없다. 집과 기물들은 오로지 튼튼하고 깨끗하게 해서 사용하기 좋도록 하면 된다. 재물이나 낭비하는 불필요한 것들은 일체 금지시켜야 한다. 금지 명령을 내리려면 반드시 위에서도 실천해야 한다. 궁궐을 금은으로 장식하지 않으면 일반 사람들의 집에서도 감히 호화로운 장식을 하지 못할 것이며, 비빈(妃嬪)이 수놓은 옷을 입지 않는다면 일반 백성의 아내가 감히 명주옷을 입지 못할 것이다. 위에서부터 몸소 실천한 뒤에 명령을 내리고, 자신부터 다스린 뒤에 법을 지키게 한다면 어느 백성이 따르지 않겠는가?

군사에 대하여

남을 다스리는 자는 먼저 그 자신을 다스려야 한다. 자신을 다스리는 자는 먼저 그 마음을 다스려야 한다. 그렇게 해야 의리가 마음속에 쌓여 사랑이 만물에 미치게 된다. 그러기에 고대의 훌륭한 왕들이 남긴 은혜가 만세토록 지속되는 것이다. 한편, 지모를 앞세우고 남에게 권력을 휘둘러 강력해진 왕들은 단지 한 시대를 위압했을 뿐이다. 뿌리가 튼튼한 나무는 그 열매가 번성하고 근원이 깊은 물은 멀리 흘러가듯이, 사랑과 의리를 갖춘 사람은 그 공이 빛나는 법이다.

한(漢)나라 무제(武帝)는 군사를 일으켜 천 리 땅을 개척했으나, 일백 명의 흉노를 죽이는 데 한나라 군사를 반 이상이나 죽게 했고, 흉노의 소와 양을 얻느라고 창고의 곡식을 바닥냈다. 무력을 함부로 쓴 결과였다. 그러므로 군사란 싸우지 않는 것이 가장 좋고, 싸움을 좋아하는 것이 가장 나쁜 일이다. 진나라의 장수 몽염(蒙恬)[1]은 일백만 명을 동원하여 만리장성을 쌓아 흉노에게 위엄을 떨쳤지만, 정작 진나라가 망할 때는 아무런 힘이 되지 못했다. 그런가 하면 세 치의 혀로 적을 꺾는 경우도 있다. 순리를 따랐는지 그렇지 아니했는지와, 어질었는지 어질지 못했는지의 차이 때문이다.

또 행군하는 군사는 험한 지역에서 어려움을 겪고, 백성들은 짐 실어 나르기에 지친다. 이겨도 병사의 절반이 상하고, 만약 이기지 못하면 국토까지 잃게 된다. 게다가 기근이 닥치거나 적국이 틈을 노릴 수도 있다. 이는 성인이 취하는 바가 아니다.

(…중략…)

장수가 되려면 먼저 그 마음을 바르게 해야 한다. 어떤 유혹도 장수의 절개와 의지를 움직일 수 없다. 태산이 무너지고 강물과 바다가 터져도 장수의 안색은 변하지 않는다. 이 정도는 되어

---

[1] 몽염(蒙恬): 진(秦)나라의 장수이다.

야 사람들을 쓰고, 군사를 통솔하고, 스스로 지키고, 적을 막을 수 있다. 대개 한 사람의 몸으로 대군을 거느리며, 일을 당해도 당황하지 않고, 싸움에 임해도 두려워하지 않고, 태연자약 오히려 여유 있는 것은 오직 그 마음이 바르기 때문이다.

(…중략…)

우리나라에 맞는 제도의 개혁

선배들은 정전제(井田制)[2]를 시행하기 어렵다고 말했으나, 농토를 분배하고 생산을 관리하는 법이 없다는 것은 일시적인 미봉책으로 나라를 다스리는 것이다. 오늘을 살면서 옛 도(道)를 모두 회복시킬 수는 없다 해도 나랏일을 잘 계획하는 사람은 분명히 우리에게 맞는 제도를 마련할 수 있을 것이다. 산천이 좁다거나 지세가 험하다거나 하는 점은 걱정할 것이 못 된다. 그러나 이런 것은 얕은 식견으로 망령되게 논할 일이 아니다.

(…중략…)

2_ 정전제(井田制): 중국 고대에 실시되었다는 이상적인 토지 제도이다.

우리나라는 도로 정책이 없어서 큰 거리나 큰길이 아니면 도로의 폭이 두 바퀴 수레도 지나갈 수 없다. 그러니 수레의 사용이 중국만 못한 것은 당연하다. 지금까지 우리나라에 온 중국의 장수(將帥)가 수레를 이용하여 전쟁에 이겼다는 말은 듣지 못했으니, 결국 우리나라 지형(地形)은 수레를 쓰기 어렵다는 것이 아니겠는가? 그러나 지혜로운 사람이 일을 계획한다면 분명히 우리에게 맞는 방법이 있을 것이다.

(…중략…)

옛 제도에 대해 말하는 것은 어렵지 않지만, 오늘날에 적용하기는 어렵다. 중요한 것은 빈말이 아니라 실용에 알맞게 하는 것이다. 우리나라의 군정(軍政)을 살펴보면 모두 옛 시대의 어진 법을 따라 여러 제도를 정했다. 그러나 시행한 지 이미 오래되다 보니 폐해가 따르고, 해이해지고, 엉성하여 오늘날과 같은 지경에 빠졌다. 오늘의 정치가 옛날의 법도만을 계속해서 따르는 것이 옳겠는가? 아니면 옛 법을 한 번 바꾸어 다시 펴 나가는 것이 옳겠는가?

이 글은 홍대용의 국가 경영에 대한 구상과 그 실현을 위한 구체적 방안을 서술한 국가 경영론으로, 전국의 행정 조직에서부터 통치 기구·관직 제도·토지 제도·교육 제도·인재 선발·군사·통치 원리 등에 이르는 내용이 언급되어 있다.

천문 기구 '혼천의'

1759년 가을에 나주(羅州)에 머물다가 광주(光州) 유람을 하고, 동복(同福)[1]의 물염정(勿染亭)에 계신 석당 나경적(石塘 羅景績) 선생을 찾아갔다. 석당 선생은 호남 지방의 뛰어난 선비로서, 은거하고 계셨는데, 옛것을 좋아하시고 당시 70여 세이셨다. 그분이 손수 만든 시계를 구경했는데, 서양에서 전래된 방식으로 만든 것으로 대단히 정교하고 치밀하게 제작했다. 나는 그분의 재주와 구상이 신기하여 몇 시간 동안 함께 이야기했다. 그분은 강물을 퍼 올리는 기구 '용미차'(龍尾車), 우물물을 길어 올리는 기구 '항승'(恒升), 물을 저장하는 장치 '수고'(水庫), 수력을 이용한 분마기인 '수마'(水磨) 같은 기계들을 연구하지 않은 것이 없었고, 모두 그 신기한 이치를 터득하셨다. 나중에 그분은 이런 말씀을 하셨다.

"선기옥형(璇璣玉衡)과 혼천의(渾天儀)[2]의 제작 방법은 주자(朱子)의 글에 전해지고 있긴 하나 자세하게 밝혀 놓지 않았고, 후세 사람들이 고증한 것도 없습니다. 그래서 의문 나는 것은 놔 두고 빠뜨린 부분은 보충하되 서양의 방법을 참고하면서 수년 동안 관찰하고 연구한 결과 대략 제작 방법을 알게 됐습니

---

[1] 동복(同福): 전라남도 화순(和順)에 있는 동복면을 가리킨다.
[2] 선기옥형(璇璣玉衡)은 고대의 천체 관측기구이고, 혼천의(渾天儀)는 후대에 만들어진 천체 관측기구를 말한다.

다. 그러나 가난해서 제작할 비용을 마련하지 못해 뜻을 이루지 못하고 있습니다."

나 또한 일찍이 혼천의 제도에 관심이 있었지만 만드는 방법을 알지 못했다. 이황(李滉) 선생과 송시열(宋時烈) 선생이 각기 제작한 것은 모두 파손되고 꼼꼼하지 못해 근거로 삼을 만한 것이 못 됐다.3_ 그러다가 석당 선생의 재주를 보니 기뻐서 그분의 재주를 활용해 고대 요순(堯舜)시대 이래 전해진 선기옥형을 다시 세상에 전해야겠다고 생각했다. 그래서 다음해 초여름에 석당 선생을 나주 관아로 초빙하고, 많은 비용을 들여 손재주 있는 장인들도 모았다.

혼천의는 두 해가 지나서야 모양이 대충 갖추어졌다. 다만 각도에 착오도 좀 있었고, 기계가 쓸데없이 번잡한 점도 있었다. 그래서 나는 내 마음대로 좀 더 간단하게 수정하여 천체(天體)의 모습에 맞도록 했다. 또 시간을 알리는 시계의 톱니바퀴 방식을 응용해 여러 번 고쳐 보았더니, 톱니바퀴가 맞물려 돌면서 밤낮으로 하늘의 움직임에 따라 운전하는 것이 각기 그 도수에 맞게 되었다. 그렇게 한 해가 더 걸려서야 마침내 혼천의가 완성되었다.

석당 선생의 제자 가운데 안처인(安處仁)이라는 사람이 있었는데, 정밀한 생각과 특출한 재주는 석당 선생에게 깊이 배워

3_ 이황 선생과~못 됐다: 이황(李滉)은 제자 이덕홍(李德弘)을 시켜 혼천의를 만들었고, 송시열(宋時烈)이 만든 것도 18세기까지 남아 있었다고 한다.

얻은 것이었다. 혼천의를 제작할 때 기계 설계는 대개 석당 선생의 생각에서 나왔고, 제작 기술은 안처인의 솜씨로 이루어졌다.

혼천의의 구조는 안팎 두 층으로 되어 있다. 바깥층은 '육합의'(六合儀)[4]의 설계를 모방하여 쇠로 된 고리 세 개를 만들어 서로 연결시켰다. 그중 평평하게 설치한 것을 '지평규'(地平規)[5]로 삼아 그 둘레에 24방위와 사계절과 해의 궤도인 황도(黃道)를 표시했으며, 아래는 십자 모양의 틀로 받쳤다.

안에 있는 것도 삼신의(三辰儀)[6]처럼 고리 세 개를 만들었고, 남북으로 굴대를 세워 꿰어 놓았다. 그중 가로세운 고리 한 개에는 하늘을 도는 해·달·별의 위치를 표시했으니, 이것이 적도(赤道)[7]다.

별도로 설치한 고리 한 개에는 365개의 톱니를 만들어 삼신의 내부에 비스듬히 설치했으니, 이것이 황도(黃道)[8]다. 위로 태양의 모양을 붙이고 기계를 설치하여, 하루에 톱니 하나가 옮겨 가게 하되 오른쪽으로 365일 회전하면 하늘을 한 바퀴 돈 것이 된다.

또 고리 한 개에는 114개의 톱니를 만들어서 황도 안에 설치했다. 위로 달의 모양을 붙이고 기계를 설치하여 하루에 네 개의 톱니를 밟아 우회전하여 28일을 조금 넘으면 하늘을 한 번 돌게

---

[4] 육합의(六合儀): 육합은 천지(天地)와 사방(四方)을 말하는데, 천구(天球)와 달이 천구 상에 그리는 궤도인 백도(白道), 해가 천구 상에 그리는 궤도인 황도(黃道)의 움직임을 표현하는 기구이다.
[5] 지평규(地平規): 평평한 대지를 나타내며, 둥근 고리 모양이다.
[6] 삼신의(三辰儀): 삼신은 해·달·별을 말하며, 육합의와 비슷한 역할을 하는 기구이다.
[7] 적도(赤道): 천구 상의 상상의 선으로, 지구의 적도면과 천구가 만나는 선이다.
[8] 황도(黃道): 지구에서 보아 태양이 지구를 중심으로 운행하는 것처럼 보이는 천구 상의 큰 궤도이다.

했다. 그리하여 별이 보이고 안 보이는 이유와 해가 길고 짧은 이유, 달이 차고 기우는 이유를 이것으로써 살필 수 있다. 가운데는 평평한 철판을 놓고 세계 지도를 새겼으니, 땅이 가운데 있다는 것을 보이기 위한 것이다.

안쪽 의기(儀機) 바깥에 북극을 중앙으로 하여 359개의 톱니를 가진 한 개의 고리를 설치하고, 별도로 기륜(機輪)을 의기의 북쪽에 설치했다. 또 작고 긴 축을 만들어 그 끝에 15개의 작은 톱니바퀴를 설치한 뒤 북극의 고리에 집어넣어서 끌어당겨 돌아가게 했다. 삼신의가 움직이는 신기한 방법은 이 부분 때문이다. 지판(地板)의 밖에는 한 개의 고리를 설치하고 주위에 분각(分刻)을 표시하여, 태양을 따라 그 시각을 보게 하였다. 기륜의 위에는 시각을 알리는 종이 있다.

안쪽 의기 위에 구리철사로 그물을 엮고 거기에 구슬을 달아 별자리를 나타내 해·달·별의 모습을 완전하게 갖춰지게 하려고 했으나 너무 현란할 것 같아서 없앴다. 그래서 별도로 또 한 가지 의기를 만들었는데, 큰 혼천의처럼 세 개의 고리로 서로 연결시킨 모양은 다를 것 없지만 안쪽에 종이를 발라 달걀처럼 만들고 위에 별자리의 형상을 그려 넣었다. 움직이는 방법은 큰 혼천의와 같다. 이 의기는 별의 운행을 명확하게 살필 수 있다는 점에서 큰 혼천의가 따를 바 아니다.

혼천의가 완성된 뒤 시골집에 옮겨 설치했는데 건물이 좁고 누추한데다 혼천의가 훼손될까 봐 걱정스러웠다. 그래서 서재 남쪽에 새로 네모난 연못을 파고, 연못 가운데에 둥근 섬을 만들고, 섬 위에 작은 각(閣)을 세워 두 대의 혼천의와 새로 구한 서양 시계를 함께 보관해 두었다.

두보의 시에 다음과 같은 구절이 있다.

해와 달은 조롱 속의 새이고,　　　　　　　　日月籠中鳥
하늘과 땅은 물 위의 부평초여라.　　　　　　乾坤水上萍

이 구절을 따서 그 각의 이름을 '농수각'(籠水閣)이라고 지었다. 연못에는 연꽃이 피고 물고기가 놀며, 연못 주위에는 소나무와 국화와 온갖 화초를 심었다. 서재는 띠풀로 지붕을 이었고 대나무로 난간을 만들었는데 홀연히 연못 북쪽에 위치하여 자못 그윽하고 경관이 좋다.

이 글은 홍대용이 천문 기구인 혼천의를 제작하게 된 동기와 제작 과정, 그리고 서양 시계의 기계적 원리를 결합시킨 혼천의의 구조에 대해 설명한 것이다.

중국 벗들과의 교류

기이한 만남

2월 1일

사신을 수행하는 비장(裨將) 이기성(李基成)이 안경을 사기 위해 유리창(琉璃廠)[1]에 갔다가 우연히 단아하고 문인다운 기품을 가진 선비 두 명을 만났다. 두 선비 모두 안경을 쓰고 있었는데, 아마 근시였던 모양이다. 그래서 이기성이 그들에게 이렇게 부탁했다고 한다.

"나와 친한 사람이 안경을 구해 달라고 했는데, 거리에서는 진품을 구하기 어렵더군요. 그대들이 낀 것을 보니 그 분 시력에 맞을 것 같습니다. 내게 파시면 고맙겠습니다. 그대들은 혹 다른 안경이 있을 수도 있고, 새로 구입하는 것도 어렵지 않을 테니까요."

그러자 한 사람이 안경을 벗어 주면서 이렇게 말했다고 한다.

"그대에게 안경을 구해 달라고 한 사람은 나처럼 눈이 나쁜가 본데, 내가 어찌 안경 하나가 아까워서 팔겠습니까?"

그러고는 가 버리더란다. 이기성은 자기가 경솔하게 말을 꺼내 공연히 남의 물건을 가진 것이 후회되어 안경을 가지고 뒤따

---

[1] 유리창(琉璃廠): 책, 서화, 문방용품, 골동품 등을 취급하는 북경의 시장 이름이다.

라가 돌려주며 말했다.

"아까 한 말은 농담입니다. 당초에 구해 달라는 사람도 없었습니다. 그러니 쓸데없는 물건을 받을 수 없습니다."

그러자 두 사람이 모두 언짢은 낯으로 이렇게 말했다.

"이것은 하찮은 물건이고, 또 같은 병이 있는 사람끼리 측은하게 여기는 마음으로 건넨 것인데 그대는 어째서 이처럼 우리를 좀스럽게 대하십니까?"

이기성은 더 이상 부끄러워 말을 못하고 대충 그들의 내력을 물으니, 그들은 과거 시험을 보기 위해 절강성(浙江省)에서 왔으며 지금 정양문(正陽門)[2] 밖 간정동(乾淨衕)에서 유숙한다는 것이었다.

저녁에 이기성이 안경을 가지고 와서 그런 사연을 말하고, 그들에게 답례할 꽃무늬 종이를 구한다면서 이렇게 말했다.

"두 사람 모두 유학자의 기품이 있어 사랑스러우니 꼭 한 번 찾아가 보세요."

나는 종이를 한 묶음을 꺼내 주며 자세히 알아보고 오시라 했다.

다음날 이기성은 그들의 숙소로 찾아가 부채·먹·환약을 답례로 주자 그들은 모두 정중히 사양한 뒤에 받는데 예법이 지극히 공손했고, 그들도 새의 깃으로 만든 부채와 먹·붓·차·담배

---

[2] 정양문(正陽門): 북경 자금성의 성문 이름이다.

등을 답례로 주더란다. 이기성은 돌아와서 그들의 언행과 용모가 고상한 것으로 보아 분명 보통 사람보다 재주와 학식이 뛰어날 것 같으니 놓치지 말라며 칭찬이 대단했다.

그래서 다음날 같이 가 보자고 약속하는데, 김평중(金平仲)이 재미있게 듣다가 함께 가자고 했다. 이기성이 두 사람의 과거 시험 답안지를 몇 본씩 얻어 왔기에 들춰 보았더니, 문체는 자세히 알 수 없으나 대체로 정교하고 세련된 것임은 알 수 있었다.

2월 3일

식사 후 세 사람은 함께 수레를 타고 정양문을 나섰다. 2리쯤 가서 간정동에 도착했다. 두 사람의 숙소는 '천승점'(天陞店)이라고 쓰인 간판을 단 곳이었다. 우리는 수레에서 내려 문밖에 선 채 먼저 마부를 들여보내 우리가 온 것을 알리게 하니, 두 사람이 중문 밖으로 나와 맞아 주었다. 두 사람은 몸을 굽혀 매우 공손하게 읍하고 우리들을 앞장서게 했다. 그것은 중국의 풍습이었다. 우리는 사양하고 뒤따라갔다. 문에 들어서기 전에 두 사람이 먼저 문으로 가서 발을 걷어올리고 기다렸다. 문 안에 들어가자 우리들을 부축해 캉[3] 위에 앉히고, 자기들은 캉 아래에 있

3_ 캉: 중국식 구들이다.

는 의자에 우리와 마주 보게 앉았다. 이 또한 중국의 풍속이었다. 동쪽 벽 밑에는 다리가 긴 커다란 탁자가 놓여 있고, 그 위에 수십 권의 책이 있었다. 캉 중앙에는 다리가 짧은 자그마한 탁자가 놓여 있고, 그 위에 남색 담요가 덮여 있었다. 서북쪽 벽 밑에는 가죽 상자와 나무 궤짝이 있었는데, 모두 여행 짐을 담기 위한 것이었다. 작은 탁자에는 붓과 벼루와 청동 물병이 놓여 있고, 곁에는 벼루에 물을 부을 때 쓰는 작은 국자가 있었다. 큰 탁자와 구들 위에는 그림을 그리고 시를 쓴 종이가 널려 있었다. 입가에 먹물이 묻어 있는 것을 보니 아직 그림을 채 끝내지 못하고 나와서 우리들을 맞이한 것 같았다.

자리에 앉아 성명과 나이를 물었다. 엄성(嚴誠)은 자가 역암(力闇)이고 호는 철교(鐵橋)이며, 나이는 35세였다. 반정균(潘庭均)은 자가 난공(蘭公)이고 호는 추루(秋庫)이며, 나이는 25세였다. 내가 먼저 말을 꺼냈다.

"우리는 이기성 공을 통해 두 분의 명성을 들었습니다. 또 두 분의 과거 시험 답안을 보고 그 문장을 흠모하여 이렇게 찾아와 뵙고자 한 것입니다. 우리의 당돌함을 용서하십시오."

그러자 두 사람은 모두 아니라며 사양했다. 내가 또 물었다.

"두 분의 고향은 절강성 어느 고을인가요?"

이에 엄성이 대답했다.

"항주(杭州) 전당(錢塘)에 삽니다."

내가 "누각에서 창해에 떠오르는 해를 바라보고"〔樓觀滄海日〕라며 시구를 외니, 엄성이 "문은 절강의 조수를 마주하도다"〔門對浙江潮〕라고 시의 뒤 구절을 외웠다.4_ 내가 웃으며 시에 나오는 그곳이 귀하의 고향이냐고 물으니 엄성이 그렇다고 했다.

반정균이 김평중의 성씨를 듣더니 이렇게 물었다.

"김상헌(金尙憲)5_을 아십니까?"

나는 놀라서 되물었다.

"김상헌은 우리나라 재상이었고, 시와 문장이 뛰어나며, 또 도학과 절의를 갖춘 분입니다. 그런데 두 분은 팔천 리 밖에서 어떻게 그분을 아십니까?"

엄성은 그의 시가 중국 시집에 들어 있어 안다며 옆방에서 『감구집』(感舊集)이라는 제목의 책자를 가져와 보여 주었다. 이 책은 청나라 초기에 왕어양(王漁洋)6_이 명나라와 청나라의 시를 모은 것이었다. 김상헌이 명나라에 사신으로 갔을 때 등래(登萊)7_에서 왕어양과 시를 주고받은 적이 있어서 수십 수의 시가 『감구집』에 들어가게 된 것이다.

나는 이런 제안을 했다.

"우리는 중국에 처음 와서 말이 서로 통하지 않으니 붓으로 써서 이야기를 나누었으면 합니다."

4_ 이 시는 당나라 때 송지문(宋之門)이 전당강(錢塘江) 영은사(靈隱寺)에서 지은 것이다.
5_ 김상헌(金尙憲): 1570~1652. 인조와 효종 때 재상을 지냈으며, 명나라 시절 사신으로 중국을 다녀온 바 있다.
6_ 왕어양(王漁洋): 1634~1711. 청나라 시대의 문학가 왕사정(王士禎)이다. '어양'은 그 호.
7_ 등래(登萊): 산동 등주 지방.

두 사람이 허락하고, 작은 탁자에 종이와 벼루를 펴 놓았다. 이기성은 먼저 돌아갔고, 탁자에는 손님과 주인으로 나뉘어 둘러앉았다.

김평중이 물었다.

"두 분의 과거 시험 답안은 회시(會試)[8]에서 지은 것입니까?"

이에 반정균이 대답했다.

"향시(鄕試)[9]에서 지은 것입니다. 이제 북경에서 회시를 보려고 합니다. 그런데 두 분은 이곳까지 오시면서 많은 시를 지으셨을 텐데 보여 주실 수 있습니까?"

그때 우리는 군복을 입고 있어서 이렇게 말했다.

"우리는 무관이라 활 쏘고 말 타는 일은 알지만 시문(詩文)은 배우지 못했습니다."

그러자 반정균이 웃으며 말했다.

"두 분은 문무를 겸비하셨나 보군요."

김평중이 두 사람의 글을 보여 달라고 하자 반정균은 이렇게 말했다.

"녹록하여 이룬 바가 없습니다. 이곳으로 올 때 같은 고향 친구인 육비(陸飛)가 그림을 그려 주었는데, 그때 그림에 써넣은 시가 있으니 보여 드리지요."

8_ 회시(會試): 과거의 초시 급제자가 서울에 모여 다시 보는 시험이다.
9_ 향시(鄕試): 지방에서 보는 일차 과거 시험이다.

그러면서 그림 한 장을 내보였다. 한 떨기 연꽃을 수묵으로 그린 것인데 위에는 육비의 시가 있고, 아래에는 엄성과 반정균의 시가 있었다. 모두 아름다운바, 육비의 시는 더욱 뛰어났다. 내가 시와 그림과 글씨 모두 뛰어난 작품이라고 칭찬하자, 엄성은 과찬이라며 그렇지 않다고 했다. 김평중이 자기의 시를 써 보이니 엄성이 뛰어나다며 탄복했다. 그리고 김평중이 즉석에서 김상헌의 시를 보고 그 운으로 시를 쓰자, 두 사람이 보고 나서 그 운으로 순식간에 시를 써 나갔다. 빠르게 시를 짓는 것으로 재주를 겨루고자 한 것이었다. 두 사람은 내게도 시를 부탁했지만 본래 시를 잘 짓지 못해 보여 드릴 것이 없어 부끄럽다며 사양했다. 모두 겸손이 지나치다고 했다.

김평중이 두 사람의 시를 더 보고 싶다고 하자, 반정균이 엄성에게 시집을 보여 드리라고 했다. 엄성은 고개를 저으며 사양했지만, 반정균은 듣지 않고 동쪽 방으로 가서 책 한 권을 가지고 나왔다. 그리고 그중 한 수를 가리키며 말했다.

"어떤 재상이 엄성의 학문과 품행을 높이 사 조정에 천거하려 했는데, 엄성은 의연히 나아가지 않고 이 시를 지어 거절했답니다."

내가 보고 나서 말했다.

"그 시를 사랑하고 높은 뜻을 공경합니다. 함께할 수 있어

영광입니다."

이에 엄성이 말했다.

"본래 시를 잘 짓지 못하는데 우연히 이것저것 흉내 내다 제멋대로 지은 것일 뿐입니다. 대가들이 보면 웃음거리나 될 것입니다."

(…중략…)

김평중이 말했다.

"우리 사행의 사신(使臣)께서 반정균 공의 과거 시험 답안 중에 '망망한 우주에 주(周)나라를 버리고 어디로 가겠는가?'라는 구절을 보시고 옷깃을 여미셨습니다."[10]

그러자 반정균은 한참 얼굴색이 변했다. 나는 김평중에게 만난 지 얼마 되지 않았는데 너무 심각한 말을 했다고 나무랐다. 반정균은 이에 대해 설명하기 시작했다.

"그건 조잡한 말이었고, 큰 뜻은 이렇습니다. 중화는 만국의 으뜸이고, 지금 천자는 신성하시고 문무를 겸하셨으니 신하 된 사람이라면 마땅히 받들고 의지해야 한다는 뜻일 뿐입니다. 주나라를 받든다는 표현도 현재 청나라 조정을 받든다는 말입니다."

한인(漢人)들은 현재 청나라에서 나그네 같은 처지이니 조

10_ 우리 사행의 사신(使臣)께서~옷깃을 여미셨습니다: 주나라는 유학의 전통에서 한족 중심의 중화주의를 상징한다. 당시 중국은 이민족이 통치하는 시대였으므로, 중화 의리를 생각하는 사람들은 주나라라는 상징을 통해 한족 중화주의의 부흥에 대한 염원을 드러냈다.

심하고 두려워하는 것은 당연한 일이다. 반정균이 이런 말을 한 것은 이상할 게 없다. 나는 김평중에게 다시는 그런 말을 하지 말라고 했다. 김평중은 보여 준 시가 매우 좋다고 말했다.

(후략)

2월 4일

(전략)

이때 나는 방관(方冠)을 쓰고 소매가 넓은 평상복을 입고 있었다. 그것을 보고 반정균이 물었다.
"이 복장이 선비의 평상복입니까?"
내가 그렇다고 하자 난공이 복식 제도가 예스러운 멋이 있다고 했다.
"우리나라 옷은 모두 명나라의 제도를 따르고 있습니다."
내가 말하자 두 사람이 고개를 끄덕였다.

(…중략…)

반정균이 물었다.

"그곳 조정에서 입는 복식은 모두 사모(紗帽)[11]를 쓰고 옷깃이 둥근 단령(團領)[12]을 입습니까?"

내가 그렇다고 답하자, 반정균은 국왕은 무슨 관을 쓰는지도 물었다. 나는 왕은 면류관을 쓰고 평복에 쓰는 관도 따로 있다고 설명했다. 엄성은 면류관과 각 관을 그리더니 이렇게 생겼냐고 물었다. 내가 그림을 보고 말했다.

"그렇습니다. 중국은 연극 무대에서 옛날 복장으로 꾸밀 때 입더군요. 그래서 잘 아시겠네요."

반정균이 중국에 와서 연극을 보았는지 물었다. 내가 보았다고 하자, 반정균은 연극이 좋은 점이 있던가 물었다. 나는 비록 연극이 올바르지 않은 놀이라 해도 나만은 남몰래 얻은 것이 있다고 했다. 그러자 반정균이 이렇게 적었다.

'남몰래 얻은 것이란, 연극을 통해 한나라 관원의 성대한 복장을 다시 보았기 때문이 아닌가요?'

그리곤 곧 지워 버렸다. 나는 웃으면서 머리를 끄덕이며 중국의 변발에 대한 느낌을 말했다.

"중국에 와 보니 지방마다 규모가 크고 풍물이 번성해서 모든 것이 좋았는데, 유독 머리를 깎는 법은 차마 못 보겠더군요. 우리는 조그마한 나라에 살아 우물 안 개구리가 하늘을 쳐다보

11_ 사모(紗帽): 관복을 입을 때 쓰는 벼슬아치의 모자이다.
12_ 단령(團領): 옷깃을 둥글게 만든 관원의 공복이다.

는 격이어서 좋은 일은 별로 없고 슬픈 일이 많습니다. 그러나 머리카락을 잘 보존하여 부모님이 주신 몸을 잘 간수하는 것을 큰 다행으로 압니다."

그러자 두 사람은 서로 돌아보며 말이 없었다. 내가 두 분과 정분이 없다면 감히 이런 말을 하지 못할 거라고 하자 모두 고개를 끄덕였다. 엄성은 매일 새벽 꼭 머리를 빗는지 물었다. 나는 날마다 머리를 빗지만 다른 사람들이 모두 그런 것은 아니라고 대답했다.

김평중이 사신들께서 두 사람을 만나 보시고자 한다고 전했다. 반정균은 예의로 보아 자신들이 받들어 인사드려야 하니 가서 뵙겠다고 하여 같이 갔다. 사신들이 그들과 필담을 나누었다. 반정균이 처음부터 끝까지 붓을 잡았다. 그는 조정 관원들에 대한 사항과 항주 서호(西湖)의 고적 및 기타 수천 리 밖의 일들을 막힘없이 적어 나갔다. 부사(副使)[13]께서는 일부러 복식 제도나 명나라 일 등 청나라에서 금기시하며 피하는 내용을 많이 물었는데, 그는 조금도 당황하지 않고 말마다 청나라를 찬양하고 간간이 농담도 곁들여 가면서 한 군데도 탈 잡힐 말을 하지 않았다. 대화하는 짧은 순간에도 이리저리 둘러대는 재주가 대단했다.

---

[13] 부사(副使): 정사(正使)를 보좌하는 사신이다.

(…중략…)

내가 말했다.

"우리들이 중국에 온 것은 나라의 일을 보기 위한 것이 아니고, 단지 천하의 뛰어난 선비를 만나 한 번 흉금을 터놓고 이야기하고 싶어서였습니다. 그런데 돌아갈 때가 점점 다가와 결국 헛걸음한 것이 아닐까 싶던 중에 두 분을 만나고, 처음부터 오래된 사이처럼 친해지게 되어 다행히 큰 소원을 이루었습니다. 진실로 원하면 뜻을 이루나 봅니다. 단지 국경의 한계가 있고, 다시 만날 기약이 없으니 한스럽습니다. 이렇게 사모하는 마음을 어느 날엔들 잊겠습니까?"

반정균은 내가 적은 것을 보고 상심한 모습을 보였고, 엄성 역시 가슴 아파하며 이렇게 말했다.

"우리는 착한 사람이지만 아직까지 진정으로 알아주는 벗을 만나지 못하다가 오늘 모임에서 헤어져야 한다고 생각하니 불현듯 콧등이 시큰거리고 마음이 상했습니다. 이것으로 중국 사람은 박정하고, 귀국의 두터운 정은 사람을 감동시킨다는 것을 알았습니다."

김평중이 말했다.

"옛날에도 객지에서 서로 만나 벗이 된 사람들이 있었다지만, 우리 네 사람처럼 속을 헤쳐 보였던 사람들이 있었을까요? 이렇게 한 번 이별하고 나면 영원히 만나지 못하는 별들처럼 다시 만나지 못하게 될 테니 슬픔의 눈물을 어찌 참을 수 있겠습니까."

엄성도 만일 앞으로 서로 만날 수만 있다면 이렇게 마음이 아프지 않을 거라고 했다. 내가 붓을 들어 이렇게 썼다.

'결국 이별할 거라면 애당초 서로 만나지 않은 것보다 못하외다!'

반정균이 내 글에 동그라미를 치며 서운해 했다. 엄성도 비통한 기색이었다. 이때 옆에서 보던 사람들도 놀라고 감동해서 저들이 마음이 약해서 그렇다 하고, 혹은 다정해서 그런 거라 하고, 혹은 강개하고 뜻있는 선비들이라 그렇다고 하며 서로 의견이 달랐다. 사실은 이 모두가 겸해져서 그런 것이리라.

홍대용은 1765년 중국 사행 때 서장관(書狀官)인 작은아버지 홍억(洪檍)의 수행원 자격으로 중국을 여행했다. 그리고 북경에서 평생 잊을 수 없는 중국 벗들과 만났다. 그들은 붓으로 써서 이야기하는 필담(筆談)으로 흉금을 터놓고 많은 대화와 토론을 하였다. 이 글은 중국의 벗들과 만나게 된 과정, 그들과 나눈 이야기를 정리해 엮은 『간정동 필담』(乾淨衕筆談)에 실려 있다.

선비의 사귐에 대하여

대용이 아룁니다. 대용은 해외에 사는 비천한 사람인데 기이한 인연으로 한인(漢人)이며 강동(江東)¹의 위인이신 우리 육비(陸飛) 선생을 만나 마음을 나누며 교우하게 되었습니다. 게다가 제가 귀국할 땐 귀한 선물까지 주셨습니다. 정말 제게는 대단한 행운이었고 생각지도 못한 일이었습니다.

천하에 선비라고 불리는 사람은 많습니다. 그러나 아는 것이 많다고 자랑하며 뽐내는 사람은 재주가 높다고 할 수 없습니다. 겉으로 무게를 잡고 그럴싸한 논리를 구사하는 사람은 그 학문이 귀하다고 할 수 없습니다. 교묘하게 속이며 기교를 부리는 사람은 그 예술이 뛰어나다고 할 수 없습니다.

제가 말하는 선비는 형식적인 태도 없이 천진하게 마음을 모두 툭 터놓고 이야기할 수 있는 사람입니다. 마치 맑은 물이나 밝은 거울을 들여다보면 비치는 것과 같고, 종이나 북이 두드리면 울리는 것과 같은, 그런 사람이 바로 제가 말하는 선비입니다. 그 정도는 돼야 재주니 학문이니 예술이니 하는 것에 대해 말할 수 있을 것입니다.

제 평생 스스로 노력한 것도 이런 것이고, 벗들에게도 이런

1_ 강동(江東): 양자강 동쪽 지방. 지금의 강소성(江蘇省)이다.
2_ 하풍죽로당(荷風竹露堂): 육비의 서재 이름이다. '하풍죽로'(荷風竹露)는 연꽃에 부는 바람과 대나무에 내린 이슬이라는 뜻이다.

것을 바랐습니다. 이런 사람 같으면 책 속에서 만난 옛 사람이라 해도 존경하며 벗을 삼고 감동을 받을 것입니다. 그런데 바로 그런 선비와 자리를 같이하고 몇 마디 대화에 곧장 허물없는 벗이 되었으니 어떻겠습니까?

아! 선비가 이 세상에 나서 학업을 닦고 행실을 연마하기 위해선 결코 혼자 공부하여 이룰 수 없는 것입니다. 그런데 이렇게 훌륭한 벗들을 만났어도 오래 받들며 유익한 가르침을 받지 못하게 되었습니다. 우연히 만났다 홀연히 헤어지고 잠시 기뻤으나 곧 한스럽게 된 것이 마치 조물주의 장난 같아서 슬프기만 합니다.

우리가 헤어진 이후 어떻게 지내셨습니까? 또 과거 시험의 결과는 어떻게 되었습니까? 선생의 재주라면 시험의 합격이야 지푸라기를 줍는 것처럼 쉬운 일일 겁니다. 그러나 그런 일은 하늘이 정하는 것이니, 혹 낙방했다 해도 남쪽 고향으로 돌아가 서재인 '하풍죽로당'[2]에서 시를 읊조린다면 시험 결과 따위야 마음 쓸 것 없지 않겠습니까?

저는 초여름에 고향으로 돌아왔으며 제 집안도 무고합니다. 나머지 이야기는 반정균에게 부친 편지에 대략 적었습니다. 마침 중국으로 가는 통역관이 있어서 이렇게 대강 적어 안부 인사를 드립니다.

이 글은 중국의 벗 육비(陸飛)에게 보낸 편지로 선비들의 벗 사귐에 대한 홍대용의 생각을 담고 있다.

독서

엄성에게 보낸 편지 1

대용이 아룁니다. 초가을에 부친 편지는 받아 보았습니까? 벌써 이슬 서리 내리고 가을 날씨가 쌀쌀해지니 더욱 그립습니다. 이런 내 마음을 만 리 밖에서도 알 리라 생각합니다. 가을 들어 집안은 모두 편안한가요? 또 독서와 연구 외에 체험하고 실천하는 공부도 매일 새로운 즐거움이 있는지요? 헤어진 이후로 생각하지 않은 날이 없었고, 생각하면 슬프지 않은 적이 없었습니다. 그렇다고 이런 마음이 어찌 구구한 아녀자의 마음 같은 것이라고 하겠습니까?

그대가 재주도 없고 덕도 없는 평범한 속된 사람이었다면 애당초 생각하지 않았을 것입니다. 그대가 과거 시험에 몰두하여 벼슬하는 것을 삶의 목표로 삼았다면 역시 생각하지 않았을 것입니다. 그대가 옛 학문을 좋아하여 스스로 성현 호걸이 되고자 하지 않았다면 또한 생각할 것 없겠지요. 그대가 재주를 믿고 남을 업신여겨 나를 돌아보지 않거나, 겉으로는 화합하지만 속마음이 달랐다면 역시 생각할 필요도 없었을 것입니다. 그런데 그대는 세상 누구보다 뛰어난 재주를 가지고 있는데도 겸손하게 자신을 낮추었고, 세상 누구보다 굳센 마음을 가지고 있지만 자기를 비워 온화했습니다. 고매한 인격과 고결한 지조를 가졌기에, 시속에 따라 과거 시험에 응시하기는 했지만 진심으로 즐거워하지 않았습니다. 또한 남을 사랑하고 묻는 것을 좋아하는바, 그 정성은 쇠붙이나 돌덩이라도 꿰뚫을 만했습니다. 우리가 작별할 때에도 믿음과 의리를 분명히 했지요.

나는 우리가 나눈 필담(筆談)을 정리해 기록하다가 헤어지던 26일자 필담 가운데 '긴 이별'이라는 대목이 나오자 차마 볼 수 없고 차마 베껴 쓰지 못해, 붓을 던져 버리고는 하늘을 우러러 한참을 탄식했습니다. 아! 사람이 목석이 아닐진대 어찌 생각나지 않을 수 있겠습니까? 또한 생각나면 날수록 더욱 괴롭기만 합니다.

나는 여름부터 우환과 질병이 잇따라 초조하고 분주한 나머지 글 한 자 읽는 틈을 낼 수 없었습니다. 이 때문에 마음이 어지러워 평온하고 여유 있게 수양하지 못하고, 생각과 뜻은 시들어 끈기 있게 탐구하고 힘있게 밀어붙이는 기백이 없어졌습니다. 그래서 작별한 이후 공부는 아무 실속도 없어서 말할 게 없으니 어쩌면 좋겠습니까?

독서란 이치를 밝히고 여러 일을 처리하기 위해서 하는 것입니다. 책이란 것은 정밀하게 읽고, 깊이 연구하며, 정확하게 보고, 진리를 얻고 나면 한갓 휴지 조각에 불과합니다. 정밀하게 읽고, 깊이 연구하고, 정확하게 보고, 진리를 얻는 일은 비록 성인이라도 부족함을 느낄 것입니다. 그러니 독서는 그 공부가 끝이 없는 것으로서 학자들의 평생 사업입니다. 비록 그러하나 앎과 실천은 어느 한쪽도 없어서는 안 됩니다. 또 근본적인 일과 사소한 일을 구분하는 데에도 크게 등급이 있습니다. 여기서 잘못되면, 선(禪)에 빠져 들거나 경전의 자구에 매달려 고증하고 주석을 다는 훈고학(訓詁學)에 빠지고 맙니다. 그러니 두렵게 여기지 않을 수 있겠습니까?

지금 우리들의 독서는 대충대충 여러 책을 건드려 보지만 읽다 말다 하여 정밀하고 깊게 읽지 못하니 어떻게 진실을 논하겠습니까? 이따위로 독서를 하면서도 책 한 권을 다 읽으면 자기 할 일 다했다는 듯 거리낌 없이 함부로 날뛰고 망령된 행동을 합니다. 독서가 끝나면 읽은 내용을 실천해야 하는 큰일이 있다는 사실을 모르는 것입니다.

멀리 여행을 하려는 사람에 비유해 봅시다. 책이란 한 권의 여행 안내서라고 할 수 있습니다. 여행하는 사람은 우선 말에게 꼴을 먹이고 수레를 손본 다음, 여행 안내서를 보고 말을 몰아 달려가게 됩니다. 그런데 말은 매 놓고 수레만 손질하면서 출발

할 생각은 않고 오로지 여행 안내서만 열심히 연구한다면, 끝내 여행은 이루어지지 않을 것입니다.

    선(善)을 따르는 것은 위로 올라가는 것과 같고, 악(惡)을 따르는 것은 아래로 떨어지는 것과 같습니다. 그대는 내가 성취하지 못한 것을 거울삼아 더욱 노력하시기 바랍니다. 그리고 내가 진보하지 못하는 것을 불쌍히 여겨 아프게 질책해 주고, 이 부족한 벗을 채찍질하여 그대의 뒤를 따를 수 있게 해 주십시오.

    (후략)

엄성에게 보낸 편지 2

    대용입니다. 1월 2일 중국에서 돌아오는 통역관 편에 그대가 지난 8월 1일에 보내 준 편지를 받았습니다. 절강(浙江)의 고향 마을로 돌아갔고 집안이 두루 평안하다니 말할 수 없이 기쁩니다. 또 편지의 문장은 옥 구르는 듯하고 글자는 진주를 꿰어 놓은 듯하여, 벗의 손길을 움켜쥔 것만 같아 한 번 읽고 세 번 감탄하면서 신기해 했습니다. 그런데 작년 10월에 중국으로 가는 사람 편에 서신을 부쳤는데 받아 보았습니까?

과거 시험의 당락은 운수에 달린 것입니다. 비록 관원으로 임관되어 어버이를 영화롭게 하려는 계획에는 차질이 있을지라도, 현명한 그대는 아량과 달관한 인품을 가졌으니 마음 쓰지 않을 줄 압니다. 게다가 나는 과거에 합격하고 벼슬하는 것에 의미를 두지 않는 사람이라 위로보다는 오히려 축하를 드리고 싶습니다.

(…중략…)

요즘은 무슨 책을 읽습니까? 그대의 독서 방법에 대해 알고 싶습니다. 우리들의 공부는 글자에만 매달려서는 안 됩니다. 단정히 앉아 책을 폈을 때는 의관을 정리하지 않아도 저절로 정연해지고, 시선을 가다듬지 않아도 저절로 의젓해지고, 정신을 각성시키지 않아도 절로 맑아지며, 바르고 착한 생각과 떨쳐 움직이고자 하는 기상이 생깁니다. 그러면서도 그런 것이 어떻게 생기는지 모르는 것이 바로 독서의 공입니다. 또한 독서는 지식을 얻는 것에 그칠 뿐 아니라 정신을 수양하는 데도 큰 역할을 하니, 마음을 당기는 고삐라고 할 수 있습니다. 유학에서는 반드시 독서부터 먼저 하게 하는데, 이런 까닭이 아니겠습니까?

먼저 알고 난 다음에 실행하는 것은 예나 지금이나 공통된 도리입니다. 앎이 절반을 채웠으면 반드시 실천으로 이어서 나머지 절반을 채워야 합니다. 그런 뒤라야 지식도 실천도 완전하다고 말할 수 있습니다. 후세의 학자들은 평생 경전을 연구하여 입만 열면 참된 지식을 말하지만, 사람의 도리와 근본에 대해서는 반밖에 모릅니다. 완전한 참된 앎을 얻고자 하면서도 나머지 반에 해당하는 실천을 하지 않는 사람은 결국 망상과 억측에 빠져 앎을 구할수록 진실에서 멀어질 것입니다. 그대는 이것에 주의하기 바랍니다.

대용의 나이 40세입니다. 비록 구석진 땅에 살지만 유람을 다닌다거나 음악과 미색을 즐기는 잘못도 저질렀고, 권세와 이욕을 추구하고 화려한 것을 좋아하는 등 사람들이 좋아하며 추구하는 것을 몸소 겪고 보아 왔습니다. 대개 음탕한 데 빠지면 바보 같고 미친 것같이 멋대로 욕심을 부리지만 마음 한구석에선 문득문득 미안하고 두렵고 부끄러운 생각이 들지 않을 수 없습니다. 그러다가 그런 일들이 다 끝나거나 권세가 떠나가면 처량하고 쓸쓸하여 편안히 본성을 보존할 수가 없습니다. 분수에 넘친 생각이나 자기 처지 외의 것은 즐거움과 근심, 영광과 치욕이 함께 생겨납니다.

그래서 지혜로운 사람은 이러지 않습니다. 자기의 처지와 분수에 맞춰 도리를 다할 뿐입니다. 주공(周公)[1]은 이익을 탐내서 부유한 것이 아니었고, 공자(孔子)의 제자 원헌(原憲)[2]은 가난

---

[1] 주공(周公): 주나라를 세운 무왕의 아우이다. 어린 나이에 즉위한 무왕의 아들 성왕을 도와 섭정했지만, 성왕이 장성하자 권력에 대한 욕심을 부리지 않고 권력을 이양했다.
[2] 원헌(原憲): 공자의 제자로, 자가 자사(子思)이다. 그는 사방 한 자짜리의 초라한 집에 살면서도 안빈낙도(安貧樂道)한 인물이다.

을 좋아했던 것이 아닙니다. 그들은 뜻이 크고 넓어 잃는 것도 얻는 것도 없었던 것입니다. 이것이 옛사람이 말한 '착함을 즐기면 저절로 많은 복을 얻게 된다'라는 것에 해당합니다.

 요즘 이런 중요한 사실을 터득하니 뚜렷하게 선이 그어져서 예전처럼 헛소리와 망상으로 오만스럽게 자족하던 것과는 달라졌습니다. 이대로 노력하면 진보할 여지가 있을 것 같기에 그대를 위해서도 한 번 말해 보는 것입니다.

 (후략)

중국의 벗 엄성(嚴誠)에게 보낸 편지들이다. 홍대용과 엄성은 나이도 비슷하고 꼿꼿한 성격도 비슷하여 가장 마음이 맞았던 친구였다. 홍대용은 중국에서 돌아온 뒤에도 엄성과 편지를 주고받으며 서로의 독서와 학문을 격려했다.

10년 만에 도착한 편지

어리석은 형 홍대용이 현명한 아우 주문조(朱文藻) 선생에게 답장을 씁니다. 구봉(九峰)[1] 선생은 엄성의 형이니 나의 형으로 여기고, 주문조는 엄성의 아우이니 내 아우로 여기는 것이 마땅하지 않겠습니까?

벗을 사귀는 데에는 뜻과 도(道)가 맞아야 합니다. 뜻이 같고 도가 맞으면 천 년 전의 옛사람과도 벗할 수 있는데 하물며 이 세상에 함께 살고 있는 사람끼리야 말할 것이 있겠습니까? 우리는 만 리 먼 곳에 서로 떨어져 있어도 마음이 하나로 통하니 이것은 도리의 사귐이며 하늘이 맺어 준 사귐입니다. 모습이 다르고 나라가 다른 것이 무슨 문제랍니까?

저는 작은 나라에서 나고 자라, 보고 들은 것이 편벽하고 좁은데다가 성격도 꼿꼿해서 사람을 잘 사귀지 못합니다. 그래서 반평생 사귄 친한 벗이라곤 두어 사람에 불과합니다. 나는 인생의 즐거움을 다음과 같이 생각했습니다. 벼슬할 때는 임금과 신하 간에 서로 뜻이 맞아 믿고 일하는 것이고, 재야에 있을 때는 벗끼리 서로의 심정을 알아주는 것이라고. 그리고 임금과의 만남은 벼슬을 해야 가능하고, 마음을 알아주는 벗을 구하는 데에

---

[1] 구봉(九峰): 엄성의 형 엄과(嚴果)의 호이다.

는 도가 있어야 합니다.

그래서 나는 벗할 사람을 찾아다녔습니다. 다른 집의 혼례나 장례를 돌봐 주기도 하고, 시문을 짓고 술 마시며 선비들과 신나게 어울리기도 하고, 산속으로 들어가 은둔한 사람을 찾기도 했고, 바다로 나가 바다를 떠도는 기이한 사람을 찾기도 했습니다. 또 백정이나 술장사 같은 천한 직업을 가진 사람, 승려나 도사들, 아전, 노예, 광대, 악공, 품팔이, 거지 무리까지도 은근히 눈여겨보았습니다.

그러나 우리나라는 땅의 형세가 좁고 험하다 보니 풍속도 편협합니다. 의심은 많고 믿음은 적으며, 가볍게 친해지고 쉽게 멀어지지요. 나는 지금까지 『예기』(禮記)에서 말하는 '같이 벼슬하면 즐거워하고, 상대가 낮은 지위에 있다 해도 싫어하지 않고, 오래 만나지 못했어도 벗이 비방했다는 등의 유언비어 따위를 믿지 않는 사람'을 만나 본 적이 없습니다.

지난번 중국에 간 것도 문화와 인물이 집중된 북경에서 벗을 찾고 싶어서였습니다. 다행히 항주에서 오신 세 분 선비를 만났습니다. 우리는 한 번 만나 보고 바로 벗이 되었고 믿음을 맹세했습니다. 아! 7일간의 아름다운 만남은 즐거워 죽을 지경이었습니다. 이것이 사람의 의도로 될 일이었겠습니까? 실로 이것은 하늘이 맺어 준 인연입니다.

더구나 엄성과는 형제가 되기로 약속하면서 한평생 서로 허물을 지적하고 성취를 독려해 주기로 기약했습니다. 그런데 헤어진 지 2년 만에 갑작스런 엄성의 부고를 받았습니다. 엄성이 보낸 긴 편지는 줄줄 쏟아 내는 수천 어가 모두 천고의 독특한 견해여서 마음이 도취되고 기운이 용솟음치게 했습니다. 이런 좋은 벗을 잃었으니, 이제 누구와 더불어 주고받겠습니까?

또 그대가 보내 준 편지를 보고 엄성이 운명할 때의 모습이 그처럼 가여웠다는 것을 알게 되었습니다.[2] 집에 들어가면 벽만 바라보고, 나오면 하늘에 호소할 뿐입니다. 눈에 띄는 모든 것이 슬프고 서글픕니다. 이런 마음은 죽어서야 그칠 테지요. 어떻게 이 쓸쓸한 마음을 차마 다 말할 수 있겠습니까? 그저 나는 보내 주신 엄성의 초상과 유고를 보물처럼 받들어 아침저녁으로 우러러보며 답답한 마음을 풀어 볼까 합니다. 또 엄성의 형님은 내 형 공경하듯 하고, 그의 아우는 내 아우 아끼듯 하며 평생 감히 잊지 못할 것입니다. 그대는 이 마음을 이해하시겠지요.

1766년 북경에서 돌아오는 즉시 7일 동안 필담을 나누었던 종이와 그때 주고받은 편지들을 정리하고 편집해서 책으로 만들었습니다. 그리고 우리가 만났던 숙소인 천승점이 간정동에 있었기에 이 책의 제목을 『간정동 필담』이라고 붙였습니다. 거기엔 당시의 사귐과 만남의 과정이 어떠했는지 처음부터 끝까지 모두

---

[2] 엄성은 학질을 앓다가 1767년 11월에 운명했다. 엄성은 운명하기 직전에 홍대용의 편지를 읽어 달라고 하면서 눈물을 흘렸고, 또 홍대용이 보낸 먹의 향을 맡았다고 한다.

들어 있습니다. 이제 다시 손을 보고 등사해서 3책으로 만들었고, 끝에는 엄성에게 마지막으로 준 글을 붙였습니다.

이것을 보시고 『제금집』(題襟集)3- 중에 잘못된 것이나 빠진 것이 있으면 살펴서 개정해도 좋고, 아니면 따로 외집(外集)을 만들어 붙여도 좋을 것이니 알아서 조처해 주십시오. 또 옮겨 쓸 때 잘못된 것은 바빠서 바로잡을 겨를이 없었습니다. 『제금집』에 잘못 적힌 글자도 적어 놓긴 했지만 중국과 우리 초서(草書)의 필법이 달라서, 각각 오인한 것이 있는 것 같습니다. 이것은 나중에 그 원본 글자를 그대로 본떠서 부쳐 주면 바로 알 수 있겠습니다.

엄성의 문집인 『철교집』(鐵橋集)은 비록 시와 글은 적지만 적은 대로 전할 만한 것이 있습니다. 『제금집』은 외국 사정을 말한 것이라서 혹 꺼리고 헐뜯는 사람도 있겠지만 역시 색다른 글인 것만은 사실이니, 번잡한 것을 줄이고 간결하게 해서 엄성의 문집 원집에 붙여 인쇄해 뒷사람들에게 보여야지 그대로 두어서는 아니 될 것입니다. 구봉 선생 등 여러분들은 어떻게 생각하고 계신지요?

그대의 편지를 보니 문장 기세가 높고 필획이 번지르르하여 한미한 산림처사 같은 태도를 전혀 볼 수 없으니 벼슬살이가 사

3_ 『제금집』(題襟集): 엄성이 홍대용 등과 나누었던 필담과 일화를 정리한 『일하제금집』(日下題襟集)을 말한다. 엄성의 문집인 『철교집』(鐵橋集)에 실려 있다.

람을 그렇게 만드는가 싶습니다. 10년 동안 목표한 바를 어느 정도나 이루었습니까?

　출세하고 못하고는 운명이 정하는 일이니 각자 처한 위치에서 자기의 직분을 다할 뿐입니다. 우리 유학은 본래 이처럼 실제적인 학문입니다. 그런데 요즘 유학의 법도가 다른 학문을 배척하고 은근히 다른 학문을 이기려고 하며 자기 학문만 제일이라는 생각으로 후학들을 가르치고 있으니 정말 짜증나는 일입니다. 오로지 참된 마음으로 사실을 따라서 매일 실제를 밟아 가야 합니다. 이런 진실한 바탕이 있어야 남을 공경하고, 지식을 쌓고, 자신을 수련하고, 다른 사람을 다스리는 공부를 실행으로 옮길 수 있을 것입니다. 그대가 평생 닦아 온 학문에 대한 견해를 듣고 싶습니다.

　우리는 엄성의 벗이었고 죽어서까지도 이처럼 정으로 얽혀 있으니 어떻게 엄성에게 보답해야 할까요? 오직 자신을 수습하고 각자 성취하여 착한 벗이 알아주었고 사랑해 주었던 마음을 저버리지 않는 것만이 우리가 해야 할 제일의 의리입니다. 또 슬퍼하고 연연해 하는 것은 아녀자들의 사사로운 정에 가까운 일이므로 지나치게 애절해 할 것이 아닙니다. 바라건대, 그대와 더불어 노력하고자 합니다.

　엄성과 그대가 반평생을 절친하게 지냈다는 것은 서로 주고

받은 글이 실린 문집을 보고, 같은 도읍에서 서로 추종하며 알아주고 사랑한 사이였다는 것을 알았습니다. 그러나 지난번 북경에서 필담할 때는 너무 시간에 쫓겨서 한 번도 그대의 이름을 듣지 못했으니 그것이 가장 아쉽습니다.

지금 받은 그대의 편지는 1768년에 보낸 것인데, 저는 10년 뒤에 받아 보게 되었습니다. 이러니 지금부터 중국으로 가는 인편에 편지를 부친다 해도 평생 두서너 번밖에 오가지 못할 것이고, 이것도 장담할 수 없습니다. 외국 사람과 벗하는 것이 본래 그런 것이라 편지를 쓰는 마음이 아픕니다. 만 리나 떨어져 얼굴도 못 본 채 그대에게 형제가 되자고 부탁하는 것이 황당한 일임을 모르진 않습니다. 그러나 한마음으로 사귀어 맺어지고 한마디 말로 서로 허락하였으니 평생 잊지 않고 생각하는 것은 이미 정해진 이치입니다. 이것을 어찌 경박한 시속 무리들이 이랬다저랬다 하는 태도에 견주겠습니까?

나는 엄성보다 한 살이 많아, 이제 49세입니다. 어려서는 유학을 공부했고, 나이 들어서는 자연이 좋아서 두어 칸의 초가를 짓고 장차 한가로이 거닐며 세상사의 그물에서 벗어나려고 했습니다. 그런데 1774년에 외람되게도 나라에서 뜻밖의 벼슬을 내려 집에 계신 늙은 어머니를 생각하며 몇 년 동안 벼슬을 했습니다. 그렇게 수년을 보내다가 현감이 되었습니다. 봉록을 받아 어머니를 봉양한 것은 다행이지만, 천성이 엉성하고 게을러 관직에 익숙하지 못하고, 공무 문건은 복잡하게 쌓여 생각하던 것과 너무 달랐습니다. 또 이 보잘것없는 독서마저도 날이 갈수록 멀어지고 달이 갈수록 잊게 됩니다. 내게 큰 기대를 했던 엄성을 생각하면 진땀 나고 부끄러워 견딜 수 없습니다. 늘 가슴이 답답해서 오래 있을 수 없을 것 같습니다. 조만간 사임하고 고향집 '애오려'(愛吾廬)로 돌아가 저술도 하고 시도 읊으며 여생을 보낸다면 더 이상 바랄 것이 없겠습니다.

인생에서 할 수 있는 일이란 실로 가소로운 것입니다. 내가 본래 시를 배우지 않았던 것은 엄성도 잘 알고 있던 일입니다. 그런데 북경에서 귀국한 뒤 사람들에게 끌려서 억지로 한(漢)나라 위(魏)나라 시대의 고체시(古體詩)를 흉내 낸 적이 있습니다. 잘해서가 아니라 그 시체가 입에서 나오는 대로 솔직하게 쓰면 되고, 복잡한 시의 형식을 맞추어야 하는 괴로움도 없어서 택한 것입니다. 요새는 공문서 처리에 몰두하느라 시를 짓지 않은 지 오래되어 보내 준 율시 두 수에 대해서도 시로 화답해 드리지 못합니다. 대신 몇 년 사이 생각나는 대로 써 놓은 수십 편의 글을 보내 그대가 보내 준 아름다운 선물에 보답하고자 합니다. 행여 천박하다고 외면하지 마시기 바랍니다.

이후 부칠 편지들은 어떻게 될지 기약할 수 없지만 한결같은 마음으로 잊지 않는다면 방법이 있을 것입니다. 아우 주문조(朱文藻)는 나의 이 외로운 정성을 살펴 주십시오.

이 글은 중국의 벗 엄성이 임종할 때의 상황과 그의 유고를 함께 보내 준 주문조(朱文藻)에게 보낸 편지이다. 엄성의 유고인 『철교집』(鐵橋集)에는 홍대용과 나눈 필담·편지를 비롯하여 홍대용의 작은 초상화가 실려 있다.

양명학의 의의

왕양명(王陽明)이 주자(朱子)와 다른 점은 격물치지(格物致知)에 있습니다. 주자는 이렇게 말했습니다.

"사람의 마음에는 앎(知)이 있고 세상 사물에는 이치(理)가 있으니, 사람은 사물을 대하며 이치를 연구해서 앎에 이르게 한다."

한편, 왕양명은 다음과 같이 말했습니다.

"이치(理)란 내 마음에 있는 것이므로 밖에서 구할 것이 아니니, 오직 '양지'(良知)[1]를 키우고 넓히는 것을 위주로 해야 한다."[2]

'양지'란 맹자(孟子)의 말입니다. 진실로 양지를 키워 간다면, 성인(聖人)의 마음이 바로 순수한 어린아이의 마음인 것이니, 누가 옳지 않다고 하겠습니까? 그러나 양지를 다한다는 일도 이치를 연구하는 '궁리'(窮理)의 공부가 선행되지 않으면 동쪽을 가리키면서 서쪽이라 하고, 도적을 자식으로 오인하는 데 이르지 않겠습니까?

(…중략…)

---

[1] 양지(良知): 경험이나 교육에 의하지 않고도 나면서부터 아는 앎을 말한다.
[2] 이치(理)란~위주로 해야 한다: 왕양명은 자신의 마음을 잘 깨달으면 진리를 발견할 수 있고, 또 그것을 실천하면 성인이 될 수 있다고 했다. 양명학은 자기 마음에서 진리를 찾기 때문에 많은 공부를 하여 진리를 찾아야 한다는 주자학에 비해 공부 방법이 간단하다. 그리고 양명학에서는 본래 가지고 태어나는 '양지'도 그냥 내버려두면 안 되고 양지를 키우고 넓히는 공부가 필요하다고 주장하였다.

왕양명의 의견에 따르면, 마치 밝게 보는 것은 눈에서만 찾아야 하고, 눈만 밝으면 세상의 색채를 다 볼 수 있다는 것입니다. 듣는 것은 오직 귀에서만 찾아야 하는 것이니, 귀만 밝으면 모든 소리를 들을 수 있다는 것입니다. 맛은 오직 입에서만 찾아야 하니 입만 맛을 구별할 줄 알면 세상의 맛을 다 알 것이라고 하는 말과 같습니다. 이런 생각이 공부해 나가는데 간단하고도 절실할 것 같고, 공부의 효력이 빠르게 나타날 듯하지요? 그러나 그 색깔을 보지도 않고 눈에서만 밝게 보이기를 바란다면 온갖 색의 변화를 볼 수가 없습니다. 소리를 듣지 않고 귀에서만 밝게 들으려 한다면 온갖 소리의 변화를 들을 수가 없습니다. 음식의 맛을 보지 않고 입에서만 그 맛을 구별하려 한다면 온갖 맛의 변화를 맛볼 수 없습니다.

보통 사람들은 눈으로 볼 수는 있지만 눈 밝기로 유명한 저 이루(離婁)[3] 만 못하고, 귀로 들을 수 있지만 귀 밝은 사광(師曠)[4] 만 못하며, 입으로 맛을 볼 수 있지만 뛰어난 미각을 가진 역아(易牙)[5] 만 못합니다. 그렇기 때문에 비록 어떤 한 가지 절개를 지키는 행실을 갖춘 선비가 혹 생각하지 않았는데도 얻는 것이 있을 수 있겠지만, 배워서 알아 가고 힘써 실행하기 위해서는 현명한 선각자에게 나아가 배우고 묻지 않을 수 없습니다. 이것이 사리를 깊이 연구하는 것인 '궁리'(窮理)가 없어서는 안 되

---

[3] 이루(離婁): 황제(黃帝) 시대에 눈 밝기로 이름난 인물이다.
[4] 사광(師曠): 춘추 시대 진(晉)나라의 악사(樂士)로, 소리를 듣고 길흉을 점쳤다고 한다.
[5] 역아(易牙): 제(齊)나라 환공(桓公)의 요리사이다.

는 이유입니다.

　지금 만일 학문 연구를 제쳐 놓고 가만히 눈 감고 앉아서 오로지 본심(本心)이나 양지(良知)에만 뜻을 기울인다면 한때의 집중력으로 다소 마음이 맑아지고 깨쳐 얻는 것이 있을 것입니다. 그러나 일이 복잡해지면 마침내 정신을 못 차리고 혼란에 빠지게 됩니다. 마침내 세상의 많은 예(禮)와 관련된 일이라든지 덕성을 높이는 공부, 사물의 이치를 궁구하는 일에 있어서 결코 성인과 같은 수준에 이를 수 없을 것입니다.

　아! 공자(孔子)의 70제자가 사라지자 대의(大義)가 무너지게 되었으니, 우활한 유학자와 왜곡된 선비들이 많이 아는 것만 숭상하고 중요한 도리는 알지 못하게 만들었습니다. 그래서 장자(莊子)가 세상에 대해 분개하며 「양생」(養生)과 「제물」(齊物)을 썼습니다. 또 주자(朱子) 문하의 학자들이 입으로 외우고 훈고(訓詁)하는 것만을 숭상하여 그 스승의 학설을 어지럽히자 왕양명이 이런 시속을 밉게 여겨 '양지'의 학설을 말한 것입니다. 이것은 모두 그 시대를 근심하고 세도(世道)를 걱정한 뜻이었지만, 너무 지나치게 바로잡으려다 보니 논의가 방자해져 그 폐해가 저 오활한 유학자와 왜곡된 선비들과 다를 것이 없게 되었습니다. 그렇게 도를 바로잡으려는 폐해는 유학자들이 글이나 외우고 자구나 해석하고 주석이나 내는 것보다 더 심했습니다. 저는 양명의 높은 기상은 장자에게 견줄 만하나 학문적으로는 함께 이단이 아닌가 생각합니다.

이 글은 중국 벗 육비(陸飛)에게 보낸 편지 뒤에 따로 붙인 양명학에 대한 홍대용의 견해를 담은 글이다. 조선의 유학자들은 주자학만을 신봉하여 유학의 다른 갈래에 대해서 모두 이단으로 내쳤다. 그러나 홍대용은 양명학에 대해 시대를 근심하고 세상을 걱정하며 잘못된 학문의 풍조를 바로잡으려 했던 의의에 대해서는 긍정적으로 평가했다.

모든 사상은 마음을 맑게 하고
세상을 구제한다는 점에서 합치한다

(전략)

지난해 반정균이 보낸 편지에 구봉(九峰)[1] 선생께서는 불교의 참선에 마음을 두고 계신다고 하더군요. 유교와 불교의 논쟁은 예부터 지금까지 어지럽게 계속되고 있습니다. 저와 엄성도 한번 논변했는데 제 생각이 옳다는 인정을 받아내기도 했습니다. 그러나 지금 와서 생각해 보니 쓸데없이 이기고 싶어한 것은 공부하는 사람의 상투적인 버릇 탓이었습니다.

제가 지난 몇 년간 세상 경험을 하면서 조금 깨닫게 된 것이 있으니, 각각 자기가 좋아하는 것을 따르면 된다는 겁니다. 마음을 맑게 하여 세상을 구제한다는 점에선 유교니 불교니 가릴 것이 없으므로 어떤 사상이라도 현자가 되고 군자가 되는 데 해로울 것이 없습니다. 다만 인륜을 끊고 공(空)으로 도피하는 데까지만 가지 않으면 모두 성인의 부류가 될 수 있을 것입니다.

그러나 심(心)을 말하고 성(性)을 말하는 석가모니의 오묘한 깨달음이란 것은 유교의 서적에도 부족하지 않습니다. 유학

---

[1]_ 구봉(九峰): 엄성의 형인 엄과(嚴果)의 호이다.

을 충분히 궁구하고 캐내서 체험하고 실행하면 그 속에 쌓여 있는 오묘한 의미가 끝이 없습니다. 이런 것을 버리고 다른 것을 구하고자 한다면 세속을 초월하고 신기한 것을 좋아하는 수준을 면치 못하고, 이렇게 되면 마음에 큰 병을 얻을 수 있습니다. 그렇게 되면 다만 유학의 이단이 될 뿐만 아니라 선가(禪家)에서도 이단이 되고 말 것입니다.

구봉 선생께서는 어떻게 생각하십니까? 선(禪)에 들어가는 방법과 공부하는 절차 등을 대강 가르쳐 주셔서 저의 고루함을 깨우쳐 주시는 것은 어떻겠습니까?

(후략)

이 글은 엄성의 형인 구봉 엄과(嚴果)에게 쓴 편지다. 엄과는 불교의 선(禪)에 심취한 인물이다. 선은 조선에서 역시 이단으로 취급되는 사상이다. 그러나 홍대용은 '모든 사상은 결국 마음을 맑게 하여 세상을 구제한다'는 점에서 동일하다고 했다. 홍대용이 중국 여행 이후 조선 성리학의 편협성을 반성하고 사상의 다양성을 인정하게 되는 과정을 확인할 수 있는 글이다.

이단의 학문에 대하여

(전략)

　맹자(孟子)는 양자(楊子)[1]와 묵자(墨子)[2]의 사상을 막았고, 한유(韓愈)[3]는 불교와 노장 사상을 배척했으며, 주자(朱子)는 진량(陳亮)[4]과 육상산(陸象山)[5]의 학문을 내쳤습니다. 유학은 이처럼 이단에 대해 엄격합니다. 그런데 공자는 노자(老子)를 스승으로 삼았고, 자기 어머니가 죽었는데도 슬퍼하지 않고 나무에 올라 노래를 불렀다는 원양(原壤)[6]과 친구였습니다. 그리고 이상만 높고 행실은 따르지 못하는 사람도 군자가 되도록 하겠다고 했습니다. 다만 "이단을 전공하면 해롭다", "이상한 이론을 펼치는 사람들이 있는데 나는 그리하지 않는다"라고 말씀하셨습니다. 이런 말씀은 앞에서 말한 분들에 비하면 이단에 대해 아주 완곡합니다. 이것은 어떤 뜻으로 말씀하신 겁니까?
　양자의 '위아론'(爲我論)은 소부(巢父)·허유(許由)·장저(長沮)·걸익(桀溺)[7] 같은 사람의 사상처럼 맑고 뛰어난 사상이라 욕심 많은 자를 청렴하게 할 만합니다. 묵자의 '겸애'(兼愛)와 '근검'과 '절약'은 세상의 급박한 사정에 대비하고, 위로는 시속을

1_ 양자(楊子): 전국 시대 사상가 양주(楊朱)를 말한다. 그는 자기 몸의 털 하나를 뽑으면 천하에 도움이 된다 할지라도 절대 털 하나도 뽑지 않겠다는 극단적 이기주의인 위아설(爲我說)을 주장했다.
2_ 묵자(墨子): 춘추 전국 시대의 사상가로 모든 사람을 차별 없이 사랑해야 한다는 겸애설(兼愛說)을 주장했다. 그래서 일체의 전쟁을 배격했고, 유학의 형식적인 예악을 반대했다.
3_ 한유(韓愈): 768~824. 당나라의 문장가이자 사상가이다.
4_ 진량(陳亮): 1143~1194. 남송 시대의 학자로, 그의 학문은 현실에서의 실제적 효용을 중시하였다. 그래서 주자와 여러 차례 사상적 논쟁을 벌였다.

구제할 수 있고, 아래로는 사사로움을 잊을 수 있게 합니다. 역시 보통 사람보다 뛰어나게 현명합니다. 양자와 묵자의 사상은 지나친 개인주의와 극단적인 자기희생 때문에 일반 사람들이 감당하지 못합니다. 그러니 세상을 뒤집어엎을 사상이라고 걱정할 게 아닌데, 이런 사상을 짐승처럼 여기며 배척하는 것은 지나치지 않습니까?

노자의 사상은 한(漢)나라 문제(文帝)와 경제(景帝)의 태평한 시대를 이루었고, 선가(禪家) 사상의 영향은 왕양명과 육상산의 높은 학문을 해치지 않았습니다. 태평 시대의 정치를 이루고자 했던 노자의 사상은 사회 혼란을 일으키는 사상과는 거리가 멀고, 육상산과 왕양명같이 관념적인 이론은 세상 사람들의 삶과는 먼 이야기입니다. 그러니 이단의 학문이 행해진다 해도 세상에 무슨 피해가 있겠습니까?

왕양명이나 진량의 학설은 모두 이단임에 틀림없습니다. 그러나 그들이 봉기와 반란을 평정한 것은 세상을 잘 다스릴 만하고, 북방 민족에게 빼앗긴 중원 땅을 다시 찾으려는 계책을 품었던 것은 난국을 바로잡을 만하였습니다. 비록 세상 유학자들은 '바른 학문'을 한다고 하지만 그저 옛사람을 모방하기나 할 뿐, 결국 실제엔 아무 데도 쓸모가 없는 학문을 하고 있습니다. 곡식이 익지 않으면 강아지풀이나 돌피만도 못한 것 아닙니까?

5_ 육상산(陸象山, 1139~1192): 남송의 유학자로 선종과 유가 사상을 결합시킨 '심학'(心學)의 체계를 세웠고, 주자와 사상적 논쟁을 벌었다.
6_ 원양(原壤): 춘추 시대 노나라 사람으로 공자의 오랜 친구이다. 그는 어머니가 돌아가시자 나무 위에 올라 노래를 불렀다고 한다.
7_ 소부(巢父)·허유(許由)·장저(長沮)·걸익(桀溺): 모두 도가의 은자(隱者)들로, 자유와 신명(身命)의 보존을 꾀하고 현실 정치에의 참여를 거부하였다.

지금 이단을 배척하는 사람들은 모두 그 폐해에 대해 말합니다. 그러나 세상일에 어찌 폐해가 없을 수 있겠습니까? 어진 사람에게 천자의 자리를 넘겨주던 선양(禪讓)의 제도는 그 폐해가 찬탈로 나타났고, 학정을 일삼는 천자를 무력으로 토벌할 수 있다는 사상은 그 폐해가 왕의 시해로 나타났습니다. 정성을 들여 만든 예악(禮樂)은 사치의 폐해를 낳고, 각국의 제후들을 방문하여 안부를 묻는 역빙(歷聘)은 자기 견해를 퍼뜨리는 유세(遊說)의 폐해로 나타났습니다. 성인들의 올바른 제도도 소인들이 그것을 빙자해서 행하면 이렇게 되는데, 이단 학문도 당연히 병폐가 생길 수밖에 없지 않겠습니까? 청담(淸談)과 허무를 숭상함은 노자의 사상을 해치는 적이요, 부처에게 공양하면 복을 얻는다든가 윤회설 같은 것은 불교 사상에 달라붙은 마귀입니다. 청담을 버리고 도덕을 행하며, 부처에게 복을 받겠다는 생각을 버리고 자기의 심성을 찾았다는 점에서 본다면, 쇠란한 시대에 태평하게 다스린 한나라의 문제와 경제라든가 왕양명과 육상산은 기특하고 현명한 것이 아닙니까?

여러 가지 이단의 학문이 있지만, 마음을 맑게 하고 세상을 구제하는 것을 근본으로 삼고, 자신을 수양하고 사람들을 다스리는 것을 목적으로 삼는 것은 다들 같습니다. 그러니 나는 내가 좋은 것을 따르고, 저들은 저들대로 착하게 되도록 한다면 무슨 문제입니까? 모든 사물은 바르게 하기가 어려운데, 그중에서도 마음이 가장 심합니다. 사람마다 각각 좋아하고 숭상하는 것이 따로 있는 법이니 누가 이것을 통일시키겠습니까? 그러므로 각각 자기 방식대로 선(善)을 닦고, 각각 그 능력을 발휘하되 사사로운 욕심을 버리고 풍속을 선량하게 한다면 큰 목표가 같은데 무엇이 해롭겠습니까?

이 글은 중국의 벗 손용주(孫蓉洲)에게 보낸 편지이다. 홍대용은 이 글에서 모든 학문의 큰 목적은 같으므로 시대에 따라 처지에 따라 어떠한 학문을 해도 크게 문제될 것 없다며 이단으로 취급된 노장 사상, 불교 사상, 양명학 등 여러 사상의 의의를 인정하였다. '공평무사한 눈으로 보아 다른 사상의 장점을 두루 받아들인다'는, 홍대용이 제창한 학문 방법론인 '공관병수'(公觀倂受)의 실제를 알 수 있는 글이다.

중국의 세 벗

중국의 인재는 남방에서 많이 나고, 남방의 인재는 강서·절강 지방에서 나왔다. 이는 산천이 밝고 수려하기 때문이다. 지리는 속일 수 없는 것이다.

육비(陸飛)의 자는 기잠(起潛)이요, 호는 소음(篠飮)이다. 1719년에 출생하였고, 항주의 주아담에 거주하였다. 그는 키가 작달막하고 모습은 살지고 우람하다. 우스갯말과 해학을 잘한다. 술을 잘 마셔서 종일 마셔도 취해 넘어지지 않는다. 시문서화가 모두 뛰어난데, 오직 천진난만하게 자기를 자연스럽게 표현할 뿐이고 일부러 다듬어 세상에 알려지기를 바라지 않으며, 또한 이런 것을 남에게 자랑하지도 않는다. 천성이 자잘한 예절에 얽매이지 않으니 순수 유학자는 아니다. 그러나 호탕하면서도 절제가 있어 방종하지 않고, 소탈하면서도 절도가 있어 방탕하지 않았다. 술자리에서나 해학을 할 때나 온화하면서도 간결하고 정중하여 귀인의 기상이 있다. 우리만 우러러 존중하는 것이 아니다. 그의 기량과 풍치는 세상에 드문 기발한 선비라고 할 수 있다.

엄성(嚴誠)의 자는 역암(力闇)이요, 호는 철교(鐵橋)이다.

1732년에 출생하였다. 항주 채시교에 거주했다. 엄성은 살이 없이 마른 체구에 뼈대가 굵다. 영특하고 준결(峻潔)하여 세상을 내려본다. 착한 말을 듣거나 착한 일을 보면 진심으로 좋아한다. 재주와 학식이 뛰어나며, 붓 가는 대로 써도 문장이 이루어지고 글이 시원하고 빛나서 구슬을 꿰어 놓은 것 같았다. 그러나 그는 이런 것으로 자랑하는 일이 없었다. 엄성은 재주가 높고 식견이 민첩했다. 또 양명학과 불학에 관한 것도 모두 읽어 그 학설에 정통했는데, 거기에서 얻은 것도 또한 얕은 수준이 아니었다.

 엄성은 처음에 내가 왕양명과 육상산과 불학을 논박하는 것을 듣고서 자못 좋아하지 않는 기색이었다. 그 당시에는 무엇을 물어봐도 잘 대답하려 하지 않았고, 답변을 해도 자세히 말하지 않으면서 세상을 조롱하고 사람을 무시하는 말을 곧잘 했다. 그것은 아마도 세상이 뭐가 뭔지도 모르면서 한갓 남이 뭐라고 하면 따라서 떠드는 사람들을 미워해서가 아닌가 한다. 그래서 내게 자못 오만하게 대했으니, 이것은 그에게 편벽된 기질이 있기 때문이다. 그러나 내가 그를 매우 좋아하며 더불어 벗이 될 만하다고 생각한 까닭 역시 이것 때문이었다. 그후 나의 의론이 평담하여 진실할 뿐 경망스럽거나 도리에 벗어나지 않는 것을 보고는 나를 세상의 떠들썩한 무리들과는 다르다고 여기며 진정으로 좋아하게 되어 점점 친밀해졌다.

반정균(潘庭筠)의 자는 난공(蘭公)이요, 호는 추루(秋庫)이다. 1742년에 출생하였다. 항주 북쪽 수항구에 거주하였다. 그가 가장 젊었다. 사람이 산뜻하고 자태가 아름다우며 활발한 성격에 해학을 좋아한다. 문장에 뛰어나 붓을 들면 날아갈 듯이 글을 써낸다. 참으로 재치 있고 아름다운 귀공자이다. 성격이 명랑하여 사람을 대할 때 마음을 드러내며 성실함을 보였는데 차림새에는 무관심하니 그 사람됨이 사랑스럽다.

이 세 사람은 물론 타고난 성질이라든가 재주와 학문의 정도가 다 다르다. 그러나 겉과 속이 일치하고 마음과 하는 말이 서로 다르지 않아 일반 선비들의 겉치레하는 태도가 없다는 점에서 모두 같다. 세 사람은 비록 머리를 깎고 만주인 복장을 해서 만주 사람과 다를 바가 없었지만 실은 중국 한족의 내력 있는 집안 후손들이다. 우리나라 사람들은 넓은 소매의 옷을 입고 큰 갓을 쓰면서 그것이 자랑인 양 까불며 좋아하지만, 결국 바닷가 변방 사람이다. 그러니 그들과는 귀천의 차이가 크지 않은가? 우리나라 사람들의 습성으로 볼 때 그들과 처지가 바뀌었다면 분명히 비천하게 여기고 능멸하면서 하인 대하듯 할 정도만이 아니었을 것이다. 이 세 사람이 우리를 한두 번 만나 보고는 바로 옛 벗을 만난 듯이 마음을 다해 호형호제하면서 가까이했던 것은 우리로서는 따라갈 수 없는 일이다.

왕양명도 절강 사람이다. 절강 사람들은 그의 학풍을 많이 답습하였으므로 주자학에 대해서 지나치게 가볍게 말하곤 한다. 그래서 내가 엄성에게 이런 점을 경계하면, 엄성은 나에게 잘못 생각하는 것이라고 주장하지 않았다. 우리나라 유학자들이 주자를 존경하고 받드는 것은 실로 중국 사람들이 따를 수 없지만, 오직 존경하고 받드는 것만 귀한 줄로 안다. 주자가 경서를 설명하는 글 중에 의심되고 논란되는 점에 대해서는 그저 부화뇌동하며 한결같이 엄호만 하고, 의문을 제기하는 데 대해서는 사람의 입을 막으려고만 한다. 이는 세상에 영합해 군자라는 소리를 듣는 위선자의 마음으로 주자를 보는 것이다. 나는 일찍이 이런 것을 우리 유학자들의 병폐로 여겨 왔다. 그런데 절강 사람들이 논하는 말을 들어 보니 그들이 비록 지나친 부분이 있기는 하나 우리나라 사람들이 가지고 있는 고루한 습성은 하나도 갖고 있지 않아 속이 후련하였다.

중국인 벗 세 명에 대해 간략히 소개하고, 그들과의 우정이 어떤 의미를 갖는지 피력하고 있다. 이 글에서 홍대용은 중화와 오랑캐의 구분을 두지 않고 오로지 사람을 보고 흉금을 터놓은 중국 벗들의 태도를 높이 평가하고 있다. 그 이면에는 시대 변화를 직시하지 못하고 소중화주의(小中華主義)에 사로잡혀 있는 조선 지식층의 이념적 경직성과 편협성에 대한 통절한 비판이 깔려 있다.

중국 견문기

서양과의 만남

중국은 명나라 신종 때 마테오 리치가 중국에 들어오면서 서양 사람과의 왕래가 시작되었다. 마테오 리치는 중국에서 수학을 가르치며 전도했고, 기계를 만들어 천문과 기상 관측을 하는 등 천문학 분야에서도 대단히 뛰어난 능력을 가지고 있었다. 마테오 리치가 죽은 뒤에도 동양으로 항해해 온 서양 사람들이 끊이지 않았다. 중국에서도 그들을 기특하게 여기고 그들의 기술에서 도움을 받곤 했다. 그래서 가끔 일 벌이기 좋아하는 사람들은 서양의 천주학을 숭상하기도 했다.

강희(康熙) 말년 즈음에는 더 많은 서양 선교사들이 들어왔다. 강희는 서양의 과학과 기술에 관련한 자료를 모아 『수리정온』(數理精蘊)[1]이라는 책을 편찬케 해 흠천감(欽天監)[2]에 내려 주었다. 이 책은 천문 분야에서 매우 중요한 자료가 되었다. 그리고 북경의 성안 네 군데에 천주당을 지어 서양 선교사들을 살게 했으니, 이곳을 '천상대'(天象臺)라고 부른다. 이에 서양 학문이 흥성하기 시작하여 천문에 관심 있는 사람들은 모두 서양의 과학 기술을 연구하게 되었다.

중국 고대에는 천문을 담당하는 직책이 있었는데, 고대 사회

---

[1] 『수리정온』(數理精蘊): 17세기 이전 유럽 수학의 중요한 부분을 모두 소개하고 있는 책이다.
[2] 흠천감(欽天監): 천체 관측을 담당하는 관아로 국립 천문대에 해당한다.

가 쇠퇴하면서 그와 같은 직책이 없어져 천문 기술의 전통이 전해지지 못했다. 그러다가 한(漢)나라 이래로 선우망인(鮮于妄人)·낙하굉(洛下閎)·장형(張衡)과 당(唐)나라의 승려 일행(一行) 같은 사람들이 천문학에 대해 정밀하게 알았다고 한다.[3] 그러나 주먹구구 식으로 억측한 정도였지 과학적인 방법을 사용했던 것은 아니었다. 그런데 서양에서는 수학적 계산으로 제작한 기계들을 사용해 온갖 형상을 관측한다. 그래서 멀건 가깝건, 높건 깊건, 크건 작건, 가볍건 무겁건, 모든 세상을 마치 손바닥 들여다보듯 한다. 그래서 서양의 천문 과학이 중국의 한나라·당나라 이후 없던 것이라고들 하는데, 이는 결코 허황된 말이 아닌 듯하다.

강희 시대 이후부터 북경에 가는 우리나라 사신들은 더러 서양인들이 있는 곳을 보고 싶어 했다. 서양인들은 기꺼이 맞이하며 특이한 성화(聖畵) 그림과 신기한 기계들을 보여 주었다. 또 서양에서 생산된 진기한 물품을 선물로 주기도 했다. 그래서 사신으로 가는 사람들은 서양인의 선물도 탐나고 신기한 구경도 할 수 있는 것이 즐거워 해마다 찾아갔다. 그런데 조선의 풍속은 교만해서 서양인들을 기만하는 예의 없는 일을 많이 저질렀다. 그들에게 선물을 받고도 답례하지 않는 경우도 있었다. 그런가 하면 우리 수행원 가운데 무식한 사람들은 가끔 천주당에서 담

---

[3] 그러다가~알았다고 한다: 선우망인(鮮于妄人)·낙하굉(洛下閎)은 모두 한나라 때 사람으로 천문과 역법에 조예가 깊었다. 낙하굉은 혼천의를 만들었다. 장형(張衡)도 한나라 사람으로 천문에 정통하였고, 혼천의를 만들었다. 당(唐)나라의 승려 일행(一行) 또한 천문과 역법의 대가였다.

배를 피우고 가래침을 뱉으며 기물을 함부로 만져 더럽혔다. 그러자 몇 년 전부터 서양인들은 우리나라 사람들이 관람하겠다고 부탁하면 반드시 거절했고, 관람을 허락할 경우도 정겹게 대하지 않았다.

서양인 할러슈타인[4]과 고가이슬[5]은 남천주당에 거처하고 있었다. 그들은 수학에 뛰어났다. 남천주당은 건물과 여러 도구들이 네 개의 천주당 중에서 제일이라 우리나라 사람들이 항상 들르는 곳이었다.

이덕성(李德星)은 우리나라 관상감(觀象監)[6] 소속의 벼슬아치인 일관(日官)이다. 그는 이번 사신 행차에 조정의 명령을 받고 참여하였다. 조정의 명령은 두 서양인에게 주요 별들의 움직임과 책력(冊曆)에 관련한 의문점 등을 묻고, 또 천문을 관찰하는 기구를 구매하라는 것이었다. 나는 그와 함께 일을 보기로 약속했다.

(…중략…)

정월 8일

나와 이덕성, 통역관 홍명복(洪命福)이 함께 수레를 타고 갔

4_ 할러슈타인(A. von Hallerstein): 중국 이름은 유송령(劉松齡)이다.
5_ 고가이슬(A. Gogeisl): 중국 이름은 포우관(鮑友管)이다.
6_ 관상감(觀象監): 조선 시대 천문·지리·기후 등에 관한 일을 담당한 관아이다.

다. 홍명복은 꽤 총명했고, 이번에 중국어 통역을 맡았다. 정양문 안으로 들어가 성을 따라 서쪽으로 몇 리를 가니, 들보가 없는 높은 집이 보였다. 신기하게 지어진 집이라 저도 모르게 쳐다봐졌다. 문은 매우 높고 컸다. 문지기가 칼을 차고 나와 맞이했는데, 그는 이곳을 지키는 군인이었다. 마두(馬頭)[7] 세팔이 그에게 미리 청심환 몇 알을 주었던 터라 친숙했고, 또 약속이 있는 것을 알았으므로 곧장 들어오라고 했다.

문으로 들어가니 동쪽으로 두 길 정도 되는 높이의 벽돌담이 있었다. 그 담을 뚫어서 문을 만들었는데, 반쯤 열려 있었다. 열린 문 너머로 누각과 난간들이 첩첩이 이어진 광경이 눈에 들어왔다. 그런데 좀 이상해 보여 세팔에게 물었더니 웃으면서 일러 주었다.

"저건 그림입니다."

두어 걸음 앞으로 다가가 살펴보니 정말 그림이었다.

서쪽 문으로 들어가니 북쪽에 손님을 맞는 방이 있었다. 남향으로 난 창문에는 비단발이 드리워져 있었다. 방 안으로 들어가 보니 방은 여섯 간쯤 되어 보이고, 바닥에는 벽돌을 깔았다. 동쪽 벽에는 하늘의 별자리가 그려져 있고, 서쪽에는 〈천하여지도〉(天下輿地圖)[8]가 그려져 있었다. 중앙에 의자를 동서로 각각 세 개씩 놓아 두었다. 의자는 무늬 있는 자단(紫檀) 목재로 만든

---

[7] 마두(馬頭): 역마(驛馬)를 맡아보던 관속.
[8] 〈천하여지도〉(天下輿地圖): 세계 지도.

것이고, 의자 위에는 비단 보료를 깔았다. 조금 앉아 있었더니 문지기가 들어가라고 해서 집 북쪽 문으로 들어갔다. 툭 트인 뜰 북쪽에 더 높이 솟은 건물이 있었다. 그 건물은 그다지 현란하게 장식하지는 않았지만 대단히 정교했다.

　　문으로 들어갔는데, 두 사람이 아직 나오지 않아 양쪽 벽의 그림을 구경했다. 그림 속의 누각과 인물은 모두 채색을 사용해 그렸다. 인물은 살아 있는 것 같았다. 게다가 냇물이나 골짜기의 드러난 부분과 감추어진 부분이라든지, 연기와 구름이 나타났다 사라졌다 하는 것 등을 원근법으로 잘 나타냈다. 또 먼 하늘의 허공까지도 제 색을 넣었다. 그냥 둘러보면 실제가 아니라는 것을 깨닫지 못할 정도로 놀라웠다. 서양 그림의 기교는 뛰어난 재주만으로 된 것이 아니라 수학적으로 따져서 나온 비례의 법칙을 사용하기 때문이라고 한다. 그림 속의 인물들은 모두 머리를 풀어헤치고 소매 큰 옷을 입었으며, 눈에선 광채가 났다. 그리고 건물과 기구들은 모두 중국에서는 보지 못한 것들로 서양에서 만들어진 것인 듯했다.

　　당의 북쪽에는 두 폭짜리 그림 병풍이 있는데, 수묵 산수화로서 필법이 매우 고아했다. 좌우에 각각 의자를 세 개씩 놓았고, 가운데에 높은 탁자를 놓았다. 탁자는 다리가 하나이고, 바닥에는 열십 자 모양의 받침이 있었다. 탁상은 연잎처럼 둥글며 옻칠이 되어 있어 보기 좋았다. 의자 곁에는 왕겨를 담은 작은 버들고리를 비치했는데, 그것은 침을 뱉는 그릇이었다.

잠시 후 할러슈타인과 고가이슬이 주렴을 걷고 들어왔다. 서로 두 손을 마주 잡고 절한 뒤 각기 자리에 앉으니 곧 차가 나왔다. 홍명복에게 통역을 맡겨 간단한 인사를 전하게 했다.

할러슈타인은 62세, 고가이슬은 64세였다. 그들의 수염과 머리털은 세었지만 얼굴은 마치 어린아이같이 고왔다. 깊이 들어간 눈과 사람을 쏘는 듯한 눈빛은 벽화에 그려진 인물들과 같았다. 두 사람 모두 머리를 깎고 청나라 복장을 했다. 할러슈타인은 벼슬이 3품이고, 고가이슬은 6품으로 모두 흠천감의 관리였다. 두 사람이 중국에 들어온 지는 26년 되었고, 서양에서부터 수만 리 먼 길을 항해해 복건성(福建省)에 도착했다고 한다. 홍명복의 통역으로 그들에게 배우고 싶다는 뜻을 전했더니, 두 사람 모두 감히 그럴 수 없다며 사양했다. 얘기는 오래 했으나 통역하는 홍명복이 알아듣지 못하는 말이 많아 깊이 있게 말할 수 없었다.

당 안을 둘러보고 싶다고 했더니 할러슈타인이 일어나 안내해 주었다. 북쪽 문으로 들어가니, 그곳에도 꽃과 나무가 가득한

뜰이 있었다. 섬돌을 따라 동쪽으로 가다가 또 다른 문으로 들어가니, 동편에 모두 벽돌을 사용해 지은 웅장하게 높은 집이 있었다. 길에서 바라보았던 건물이다. 건물은 수십 간의 넓이에 대여섯 길쯤 되는 높이였고, 말할 수 없이 화려하게 지어져 있었다.

　북쪽 벽에 설치된 조각도 역시 머리를 풀어헤쳤고, 얼굴은 부인인 듯한데 근심스런 표정을 짓고 있어 처음 보는데도 마음에 들지 않았다. 그 앞에는 긴 탁자를 설치하고 진기한 그릇들을 진열해 놓았다. 검은 구리 향로, 청동과 자기로 만든 꽃병, 유리와 수정으로 만든 그릇들, 나무 모양의 산호, 천으로 만든 갖가지 모양의 꽃들이 기괴하게 뒤섞여 있는데, 무어라 형언할 수 없었다. 벽면마다 대대로 전해 오는 이야기를 그려 놓았다. 그림 속의 휘장과 기물 등을 두어 걸음 떨어져서 바라보니 그림이라고 믿기 어려웠다. 위층에 걸린 수십 개의 초상화는 모두 천주당을 건립한 이후의 인물들을 그린 것이다. 서양의 제왕들이라든지 중국에서 전도한 마테오 리치, 아담 샬 같은 사람들의 초상이었다.

　남쪽 누각 위에 악기가 있다기에 꼭 보고 싶다고 부탁했더니 허락하고 종을 불러 문을 열게 했다. 들어가서 사다리를 타고 위로 올라가 악기들을 보았다. 한 악기는 나무 궤짝을 사방 한 길쯤 되게 만들고 그 가운데에 납으로 된 파이프 수십 개를 배치했다. 납 파이프는 큰 것, 작은 것, 긴 것, 짧은 것들이 있는데 모두 음조에 맞았다. 궤짝 옆으로 조그마한 건반들이 납 파이프의 숫자만큼 가로 나와 있었다.

서쪽으로 십여 걸음 떨어진 곳에도 나무 궤짝이 있는데, 둘 사이에 감춰진 구멍으로 바람이 통하는 길이 있다. 서쪽에 있는 나무 궤짝 위에는 두어 섬이 들어갈 만한 가죽 주머니가 있었다. 무거운 판자로 가죽 주머니의 아가리를 물려 놓았고, 판자에 달린 손잡이는 궤짝 옆에 있는 가름대와 연결되었다. 손잡이를 잡고 판자를 들면 가죽 주머니 속으로 공기가 가득 차올라 부푸는데, 밑에 있는 바람 통하는 문이 판자를 들고 내리는 데 따라 열리고 닫힌다. 손잡이를 내려놓으면 판자가 무거워서 주머니를 내리누른다. 그러나 어느 정도 이상은 내려가지 않는데, 그것은 바람 통하는 문이 이미 닫혀서 공기가 빠져나갈 데가 없기 때문이다. 공기가 빠질 데가 없으면 바람이 통하는 길을 따라 납 파이프로 올라가게 된다. 납 파이프 밑에는 구멍이 있어 공기를 받아들일 수 있는데, 파이프 구멍을 닫으면, 주머니는 부풀지만 공기가 빠질 데가 없어져 파이프에서도 소리가 나지 않는다. 파이프 구멍이 열리고 닫히는 것은 옆에 있는 건반에 달려 있다. 손가락으로 건반을 누르면 파이프 구멍이 열리면서 소리가 난다.

파이프는 해당되는 건반과 각각 연결되어 있다. 맨 위의 건반을 누르면 큰 파이프의 구멍이 열리면서 공기를 받아 마치 나각(螺角)9을 부는 것처럼 웅장한 소리가 난다. 맨 아래 건반을 누르면 작은 파이프의 구멍이 열리면서 공기를 받아 생황(笙簧)을 부는 것과 같은 가냘픈 소리가 난다. 나머지 여러 건반도 각각 크기가 다른 파이프와 연결되어 제각각의 음률을 내니 원리는 모두 같다. 생황과 같은 구조를 확대하고 기기(器機)의 힘을 빌려서 사람의 호흡을 사용하지 않아도 되게 만들었다. 역시 서양 방식이다.

나는 악기 연주를 들어 보고 싶었지만, 연주할 줄 아는 사람이 아프다고 해서 들을 수 없었다. 대신 할러슈타인이 자기 손가락으로 건반을 눌러 소리를 내면서 연주하는 방법을 대강 보여 주었다. 이때 내가 건반을 누르며 거문고 곡조에 따라 한 악절을 연주하고는 웃으면서 할러슈타인에게 이것이 조선의 음악이라고 말했다. 그가 따라 웃으며 잘한다고 칭찬했다. 그리고 나는 할러슈타인에게 바람을 끌어 소리를 내는 기계에 대해 설명도 하고 질문도 했다. 할러슈타인은 웃으며 통역 홍명복에게 이렇게 말했다.

"저렇게 명확하게 설명하는 것을 보니, 분명히 전에 와서 보고 간 분인가 봅니다."

9_ 나각(螺角): 소라 껍데기로 만들어 부는 옛 군대의 악기.

그러자 홍명복도 웃으며 대답했다.

"저분은 우리 사신 가운데 세 번째 어르신의 조카 되는 분으로, 중국에는 처음 왔습니다. 재주와 기술이 매우 뛰어나시지요. 천문·수학 등 여러 방면에 정통하십니다. 또 직접 혼천의(渾天儀)도 만드셨습니다. 그래서 두 분께 서양의 고명한 이론을 듣고 싶어 찾아오신 겁니다."

내가 너무 과장한다고 꾸짖었더니 홍명복이 그렇게 해야만 저들의 마음을 움직여서 서양의 새로운 기계와 서적들을 볼 수 있다고 했다.

악기 관람을 마치고 누각을 내려오니, 할러슈타인이 다시 나를 서쪽 누각 높은 곳으로 안내했다. 탁자 위에는 누런 비단 보자기로 싼 책 한 권이 있었는데, 할러슈타인이 펴서 보여 주었다. 황제를 위해 복을 비는 글을 적은 것이었다. 괜히 권위를 부리는 듯해서 가소로웠다. 문을 나와 섬돌을 따라 서쪽으로 가 보니, 기둥 옆에 철사 줄을 매달아 뜰 가운데 있는 돌기둥과 연결했다. 줄은 남북으로 곧게 놓였는데, 북극성을 관측하기 위한 것이라고 했다.

우리가 자명종(自鳴鐘)을 보여 달라고 부탁하자, 할러슈타인이 안내했다. 뜰 남쪽에 작은 각(閣)이 있는데 위에 다락을 만들었다. 다락 북쪽에 무게가 수십 근 정도는 나갈 만한 철추(鐵錘)가 아래로 드리워졌고, 바퀴 모양의 기계들은 쟁쟁 소리를 내며 맹렬히 돌았다. 큰 종도 달려 있어 한 번 울리면 누각 안이 온통 진동했다. 이층 다락으로 올라갈 수 있게 두 길 쯤 되는 사다리가 놓여 있는데, 이층 천장에 붙어 있는 문은 겨우 한 사람이 드나들 수 있는 크기였다. 할러슈타인은 나만 올라가도록 했다. 나는 갓을 벗어 놓고 다락으로 올라갔다. 그 제도가 매우 기이하고 웅장했다. 바퀴가 큰 것은 수십 아름이나 되는데, 그 옆에는 여섯 개의 작은 종이 달려 있고, 추가 갖추어져 시각을 알리게끔 되어 있었다. 다락의 남쪽에는 큰 원을 만들어 시각을 표시해 두고, 쇠 장대로 시계 바늘을 삼았고, 시계 바늘 머리에는 시각을 가리키는 물건이 붙어 있었다.

자명종은 원래 서양에서 나온 것인데 근자에는 중국 전체에 퍼졌다. 중국에서는 톱니바퀴로 이루어진 구조를 적당히 조절해서 만든다. 나름대로 의의는 있지만 교묘한 서양 자명종만은 못하다. 서양 자명종은 시각과 날짜를 표시하는 것도 한 주먹 크기가 안 되고 무게도 가벼웠으며, 어떤 것은 반지 속에 넣을 만한 것도 있었다. 그 기계의 부품은 터럭이나 실처럼 가늘지만 때맞추어 종을 치는 것이 여간 신기하지가 않았다. 그러나 작은 것은 만들기도 힘들고 손상되기도 쉽다. 시각의 분초가 틀리지 않으면서 영구히 손상되지 않기로는 큰 것일수록 더 좋다.
　　관람을 마치고 내려와서 홍 통역이 그들에게 침실을 보여 달라고 했으나 할러슈타인은 일이 있다고 핑계 대며 거절했다. 우리는 뒷날 다시 만나기로 하고 떠나왔다.

정월 19일

(전략)

　　안내를 받아 마당 안으로 들어가 두 사람이 나오기를 기다렸다가 서로 손을 모아 절하고 들어갔다. 자리에 앉아 인사를 마치고 나서 내가 이렇게 제안했다.
　　"우리들은 중국에 처음 왔기 때문에 중국어를 할 줄 모릅니다. 그러니 글로 써서 대화합시다."
　　할러슈타인이 심부름꾼에게 뭐라고 말하자 조금 있다가 한 사람이 탁자 남쪽에 와서 앉았다. 할러슈타인이 웃으면서 이 사람이 자기를 대신해 필담할 것이라고 했다. 그 사람은 중국 남부에서 온 사람으로, 과거 시험에 응시하기 위해 지금 북경에 살고 있다고 했다.

내가 우선 천문과 수학을 배우고 싶은 마음에 자주 찾아와 죄송하고 양해와 용서를 바란다고 하자, 두 사람은 고개만 끄덕였다. 다시 내가 물었다.

"우리는 임금과 어버이를 존귀하게 여기는데, 서양 사람들은 그것을 버리고 따로 숭상하는 것이 있다는데, 그것은 어떤 학문입니까?"

그들의 대답은 이러했다.

"우리의 학문은 이치가 매우 기이하고 깊은데, 선생께서는 어떤 것을 알고자 합니까?"

그래서 내가 구체적으로 물었다.

"유교에서는 오륜(五倫)을 숭상하고, 불교에서는 공(空)을 숭상하고, 도교에서는 무욕(無欲)을 숭상합니다. 그런데 선생의 나라에서는 어떤 것을 숭상하는지요."

대답은 이러했다.

"우리의 학문은 사람들에게 사랑하도록 가르칩니다. 모든 것의 위에 계신 하느님을 숭배하고, 남을 자기 몸처럼 사랑하라는 것입니다."

(…중략…)

나는 이야기를 돌려 천문에 대해 질문했다. 이때 천문과 관련한 구체적인 방법들을 대략 이야기했으나 여기서는 모두 적지 않는다. 그리고 내가 이런 부탁을 했다.

"부끄럽지만 제가 혼천의 한 벌을 만들면서 여러 천체의 현상을 참고해 보았더니, 서로 다르고 잘못된 데가 많은 것 같았습니다. 이곳 천주당에는 좋은 천문 기계들이 있을 테니 한 번 보여 주시면 고맙겠습니다."

그러자 그들은 말했다.

"관상대(觀象臺)에 있는 기구들은 볼 만한 것이 있지만 여기는 파손된 것뿐입니다."

그래도 내가 굳이 보겠다고 했더니, 하인을 시켜 기기 하나를 가져왔다. 가져온 것은 지름이 한 자〔尺〕 남짓한 둥근 공 모양인데 종이로 매우 두껍게 배접되어 있고, 그 위에 여러 별자리가 그려져 있었다. 그리고 그 공 주위에는 주석으로 만든 두 개의 큰 고리가 황도와 적도 역할을 하며 동서로 움직이게 되어 있었다. 남극과 북극에는 각각 곧은 쇠를 사용하여 남북이 내려가거나 올라가지 않게 했다. 이것으로 세차(歲差)를 측정한다고 했다.

고가이슬이 〈관상대도〉(觀象臺圖)의 인쇄본 한 장을 보여 주었다. 관상대 위에는 10여 개의 기구가 진열되어 있었는데 아주 기교 있게 만들어졌다. 내가 관상대에 가 보고 싶은데 어떻게 하면 좋겠냐고 물었더니 이렇게 대답했다.

"관상대는 금지 구역에 속하기 때문에 관계자가 아니면 함부로 들어갈 수 없습니다. 황제의 친지나 높은 벼슬에 있는 사람들도 자유롭게 들어가지 못합니다."

망원경을 보자고 청했다. 할러슈타인이 하인들을 돌아보더니 조금 있다가 나가자고 했다. 따라 나가 보니 하인이 미리 망원경을 설치해 두었다. 작은 디딤대가 놓여 있어 앉아서 해를 볼 수 있게 되어 있었다. 망원경의 통은 청동으로 만들었는데, 통의 크기는 조총의 통만 하고 길이는 석 자 남짓했다. 양 끝에는 각각 유리를 끼었다. 망원경을 설치하는 받침대는 기둥 다리 하나에 발 세 개가 달려 있다. 그 위에 망원경을 설치했다.

받침 기둥에는 기계를 잘 들어 올릴 수 있도록 두 개의 조인트가 있었다. 그래서 받침 기둥은 항상 일정하게 서 있지만 사람이 조종하는 대로 기계를 낮추거나 높이거나 돌릴 수 있었다. 기둥머리에는 선이 드리워져 있는데 지평(地平)을 정하기 위한 것이었다.

별도로 종이를 바른 짧은 통은 길이가 한 치 남짓 되는데, 한쪽 끝에는 유리가 이중으로 붙어 있다. 그것으로 하늘을 보면 밤중같이 깜깜하다. 망원경에 그것을 대고 작은 디딤대 위에 앉아서 이리저리 올렸다 내렸다 하며 한쪽 눈을 감고 해를 바라보았다. 둥근 해가 망원경에 가득 차서, 마치 흐린 날 해를 바로 쳐다봐도 눈이 아프지 않은 것과 같았고, 어떤 것이든 아주 작은 것까지도 살펴볼 수 있었다. 참으로 기이한 기구였다. 그런데 그것으로 보니 해 가운데에 수평으로 선 하나가 가로로 놓여 있었다. 그 까닭을 물으니 지평을 잡기 위한 것이라고 했다. 내가 다시 물었다.

"해의 가운데는 세 개의 흑점이 있다고 하는데, 지금 보이지 않는 것은 어떻게 된 일입니까?"

할러슈타인이 대답했다.

"흑점은 세 개뿐만이 아닙니다. 많을 때에는 여덟 개까지도 보입니다. 다만 그것이 어느 땐 보이다가 어느 땐 보이지 않다가 하는데, 이는 해가 돌고 있는 공과 같기 때문입니다. 지금은 그것이 안 보이는 때입니다."

또다른 천문 기계와 시계 등을 보여 달라고 했으나 그런 것들은 모두 없다고 했다.

(후략)

이 글은 북경 천주당 방문기에 해당한다. 천주당의 서양인 선교사들은 중국에서 천문을 담당하는 관직을 겸하고 있어서 홍대용은 그들과 만나 서양의 과학 기술에 대한 정보를 얻고자 했다.

관상대

관상대(觀象臺)는 성의 동남쪽 모퉁이에 있다. 관상대는 흠천감(欽天監)에서 관할하는 곳으로, 천문 기구들을 비치해 놓고 천체를 관찰한다. 할러슈타인은 관상대에 대해 '황제가 외부 사람의 접근을 금지한 구역'이라고 했다. 통역들이 말했다.

"지난번에 우리나라 사람이 이곳 관리에게 뇌물을 주고 올라가 구경했다가 그 일이 발각되어 파면당한 일이 있습니다. 그 뒤로 외부인의 출입을 더욱 엄하게 금지하고 있습니다."

한편 성에 오르면 사형에 처하는 법이 있다. 관상대는 성을 의지하고 있어 황제가 계시는 곳을 엿볼 가능성이 있고, 또 관상대 위에는 국가의 귀중한 기기들이 비치되어 있으니 아무나 함부로 들여보내지 않는 것이 당연하다.

3월 귀국할 무렵에 다시 관상대 앞으로 찾아갔다. 아침 해가 막 떠오르는데 멀리 십여 개의 기구가 돌난간 안쪽에 죽 벌여 있는 게 보였다. 이상한 모양으로 설계된 기계들은 기이한 빛을 반사하고 있었다. 마음 같아서는 금방이라도 훌쩍 뛰어오르고 싶었지만 도리가 없었다. 그런데 마침 관상대 위에서 한 사람이 난간에 기댄 채 아래를 내려다보고 있었다. 나는 말을 세우고 대

위를 올려다보며 고개를 숙여 경의를 표한 뒤 관상대를 한번 보여 달라고 부탁했다. 그러나 그는 고개를 젓더니 손바닥을 펴서 목에 대고 그어 보이는 시늉을 하며 이렇게 말했다.

"올라올 수 없습니다. 어기면 사형입니다."

관상대 아래에 청사가 있었는데 문이며 담이 몹시 깊고 높았다. 흠천감의 분관인 듯싶었다. 나는 말에서 내려 문지기에게 인사한 뒤 들어가게 해 달라고 부탁했다. 그러자 그는 이렇게 말했다.

"이곳은 외부인 출입 금지 구역이라 들어올 수 없지만, 지금은 이른 아침이라 상관이 아직 오지 않았으니 잠시만 들어오십시오. 그러나 오래 계실 수는 없습니다."

나는 고맙다는 인사를 하고 들어갔다.

청사 서쪽에 두어 자 높이의 평평한 대가 있는데 사방이 각각 수십 보(步)쯤 되어 보였다. 동쪽에 '혼천의'(渾天儀)[1]와 '혼상'(渾象)[2]이 있고, 서쪽에 '간의'(簡儀)[3]가 있는데 모두 청동으로 만든 것이었다. 하나의 크기는 대여섯 뼘쯤 되고, 둘레에 돌난간을 세웠다. '간의'의 제작은 워낙 복잡해서 급히 서두르느라 제대로 살펴볼 수가 없었다. 혼천의만은 『서경집전』(書經集傳)에 실려 있는 송나라의 혼천의 제도와 같았다. 이것은 명나라 영종(英宗) 시대에 만든 것으로 비록 버려두고 쓰지는 않지만, 쌍

1_ 혼천의(渾天儀): 천체의 운행과 그 위치를 측정하는 천문 기계이다.
2_ 혼상(渾象): 천구(天球)를 나타내기 위한 모형이다.
3_ 간의(簡儀): 혼천의를 간소화한 천문 관측 기계이다.
4_ 대 위에~그것이다: 1673년에 서양인 페르비스트가 만든 여섯 종류의 유럽식 천문 기기들이다.

고리와 수평·수직·직선 거리 등 여러 방법만은 대조해 볼 수 있었다. 북쪽에는 구리로 된 궤가 있는데 수력을 이용해 기계를 돌리려고 물을 담아 둔 것 같지만, 기계가 흩어지고 없어져서 잘 알 수가 없었다.

　대 위에 여섯 가지 천문 의기가 있는데 천체의(天體儀), 적도의(赤道儀), 황도의(黃道儀), 지평경의(地平經儀), 지평위의(地平緯儀), 기한의(紀限儀)가 그것이다. 대 위에 있는 기계들은 청나라 강희 이후에 만든 것들이다. 모두 서양 과학이 중국에 들어온 뒤 만들어진 것으로 중국의 옛 제도보다 훨씬 정밀했다. 최근 이 여섯 기기가 번거롭다고 하여 새롭게 하나로 겸용해 쓸 수 있도록 만들었다. 그러나 기계가 너무 복잡해서 역시 여섯 기기를 각각 쓰는 것만큼 간편하지 못하다고 한다.

　더 구경하고 싶었지만 문지기가 빨리 나가라고 하는 통에 정신없이 나와 버렸다.

홍대용은 일반인의 출입이 금지된 관상대를 기웃거리다가 마침내 잠시 들어가는 기회를 얻어, 옛 중국의 혼천의와 서양의 천문 기구들을 관찰하고 쓴 글이다. 오늘날에도 북경의 관상대에는 청나라 시대의 여러 천문 관측기구들이 여전히 놓여 있다고 한다.

북경의 유리창

유리창(琉璃廠)은 원래 유리 기와와 벽돌을 만드는 공장이다. 푸르고 누른 잡색 기와와 벽돌들이 모두 유리처럼 번쩍거리므로, 나라에서 쓰는 각종 기와와 벽돌은 모두 '유리'라는 이름이 붙는다. 그리고 공장을 '창'(廠)이라고 한다. 유리창은 정양문 밖 서남쪽으로 5리 정도 떨어진 곳에 있는데, 공장과 가까운 길 좌우에 시장 점포가 있다. 동쪽과 서쪽 입구에 문을 세우고 '유리창'이란 편액을 붙여 그것이 시장 이름이 되어 버렸다고 한다.

시장에는 서적과 비석에 새겨진 글, 종묘에서 사용된 제기(祭器), 골동품 등 온갖 물건들이 있다. 장사하는 사람들 중에는 과거 시험을 치르거나 벼슬을 얻기 위해 올라온 남쪽 지방의 수험생들이 많기 때문에, 여기에 노니는 사람 중에는 가끔 유명 인사도 끼어 있다. 시장 전체 길이는 5리쯤 된다. 가게 건물들은 다른 시장보다 호화롭거나 사치스럽지 않지만, 갖가지 진귀하고 기묘한 물건들이 쌓여 넘쳐흘렀다. 또한 시장의 위치도 예스럽고 아담한 멋이 있었다. 유리창 길을 따라 천천히 걷노라면 마치 페르시아의 보물 시장에 들어간 것처럼 그저 황홀하고 찬란해서 종일 다녀도 뭐 하나 제대로 감상할 수가 없었다.

서점은 일곱 곳이 있었다. 책은 삼면의 벽에 십여 층의 선반을 만들고 분류 표시를 해서 질서 정연하게 진열해 놓았고, 각 권마다 표지가 붙어 있었다. 한 서점 안의 책만도 수만 권이나 되어 한참 고개를 들고 구경하다 보면 책 제목도 다 보지 못했는데 눈앞이 가물거리며 현기증이 일어난다.

처음 거울 가게에 들어간 사람이라면 누구나 어리둥절해진다. 끈을 달아 벽 위에 걸어 둔 거울도 있고, 받침대가 붙어 있어 벽에 세워 진열한 거울도 있다. 큰 것은 몇 자가 넘고, 작은 것은 네댓 치 되는 것도 있다. 가게 안으로 들어서면 마치 백 개, 천 개로 나뉜 내가 벽 창문에서 들여다보고 있는 것 같아 너무 어지러워 한동안 정신을 차릴 수가 없다.

유리창 길의 좌우에 있는 점포는 수백, 수천 개나 된다. 그곳에서 파는 물건들을 만들기 위해 투자되는 비용이 얼마만큼의 거액인지는 알 수 없다. 그런데 사실 일반 백성들이 먹고살아 가는 데 꼭 필요한 것은 하나도 없다. 모두 이상하고 음탕하고 사치스런 물건들로 사람의 마음을 해치는 것들뿐이다. 이상한 물건들이 불어나면 선비들의 기풍은 점점 방탕해진다. 이런 이유로 중국이 발전하지 못하는 것이다. 슬픈 일이다.

유리창은 북경에 간 조선 선비들이 반드시 들르는 곳이었다. 서적·골동품·문방용품 등 선비들이 관심을 가질 만한 온갖 것이 즐비한 곳으로, 오늘날 우리나라의 인사동과 같은 문화 거리라고 할 수 있다.

중국의 시장

　시장은 북경이 가장 번성하고, 심양(瀋陽)이 그 다음이며, 통주(通州)가 그 다음, 산해관(山海關)이 또 그 다음이다. 북경에서는 정양문 밖이 가장 번성하다. 봉성(鳳城)은 변두리에 있는 황량한 곳이어서 물건이 보잘것없지만 그래도 시장 문만은 단청을 해 놓았다. 심양에 오니 모두 새로 채색을 했다. 북경은 창과 문에 무늬를 새겨 금빛 은빛으로 찬란하고, 간판과 문패도 신기하게 만들었으며, 의자와 탁자 그리고 장막과 주렴 등도 매우 화사하게 만들어 놓았다. 이렇게 하지 않으면 거래가 잘되지 않고 재화도 모이지 않는 모양이다. 그래서 점포를 차릴 경우 바깥을 꾸미는 데만도 수천 수만금이 넘게 든다.
　대개 번화한 길목이나 네거리 입구에는 술집이 많았는데, 길을 끼고 서로 마주 바라보고 있다. 모든 술집의 난간은 처마 밖으로 나오게 꾸며졌고 매우 화려했다. 그러나 돌출된 난간은 비바람을 그대로 맞게 되어 있어 한번 여름 장마를 치르고 나면 새로 만들어야만 했다. 아무리 재력이 풍족하다 해도 당장 즐기기 위해 막대한 비용을 아끼지 않는 것은 이해할 수 없었다.
　전에 유리창에 갔다가 돌아올 때의 일이다. 길가에 부인들의 장식용 패물을 파는 상점이 있었는데 상점 주인이 맞아들이기에 들어가서 이야기를 나누었다. 이미 자리에 앉아 있던 대여섯 명은 모두 언행과 모습이 준수한 중국 사람들이었다. 그들은 내게 우리나라의 과거 제도와 독서법을 물었고, 『춘추』(春秋)와 그 세 가지 해설서인 '삼전'(三傳)[1]을 다 읽어 보았는지 물었다.

상점 안의 기물들은 모두 화사했다. 바닥에는 피처럼 붉은 모직 카펫을 깔았고, 의자는 용을 새겨 금칠을 해 놓았으므로 보기만 해도 송구스러워 감히 앉지를 못했다. 상점 안은 판자를 가로질러 안과 밖을 구분했는데, 판자 위쪽은 긴 탁자 역할을 한다. 탁자는 높이가 허리 정도까지 오고 까만 옻칠이 되어 있었다. 탁자 위에는 붓·먹·주판·장부·벼루·쇠로 만든 병 등 고상한 기물들이 놓여 있었다. 물건의 품질과 값에 대해 이야기할 때 주인과 손님은 탁자를 사이에 두고 말하므로 말이 서로 헛갈리는 일이 없었다.

모든 상점들은 간판을 붙였을 뿐만 아니라, 처마에 자기 가게를 알리는 표시물을 매다는데 그것들이 바람에 나부껴 오색찬란했다. 길거리를 돌아다니는 행상들도 저마다 표시가 있으니 징·죽비·목탁·소고 등을 쳐서 알렸다. 그렇게 하면 힘들게 외치지 않고도 사람들이 소리를 듣고 무슨 장사가 왔는지 알게 된다.

전당포란 물건을 담보로 잡아 이자 놀이를 하는 가게이다.

---

[1] 삼전(三傳): 『춘추』의 세 가지 해설서인 『좌씨전』(左氏傳), 『공양전』(公羊傳), 『곡량전』(穀梁傳)을 가리킨다.

한 달 이자가 2부인데, 기한이 지나면 잡은 물건을 팔아 충당한다. 전당포에 가면 옷과 장식품에서부터 일상생활에 쓰는 모든 기물까지 없는 것이 없다. 선반에는 물건을 잘 정돈해 놓고 물건마다 표지를 붙여 놓았다. 간판이 많이 걸려 있는데 '군사 기물은 저당 잡지 않는다'라는 글도 있었다. 군사 기물은 거래가 금지되어 있다. 관문 안팎의 작은 마을이라도 점포가 죽 늘어서 있는 곳에는 반드시 전당포가 있다. 이런 곳도 창문을 아로새기고 가게를 큼직하게 꾸며 다른 가게보다 튀려고 한다. 이자만으로도 충분히 그런 시설을 꾸밀 수 있기 때문이다. 가난한 사람들의 어려움을 구제해 주고, 부자들로 하여금 높은 이자를 받지 못하게 해 놓았으니, 없어서는 안 될 가게 중 하나이다.

길가에서 은이나 돈을 바꾸는 사람들은 대부분 전당포로 간다. 탁자 밑에는 은을 자르는 가위가 있는데, 가위의 다리 길이가 두어 자 가량이나 된다. 계산할 때 주판을 사용하는 것을 보면 어찌나 빠른지 손가락 놀림이 보이지 않을 지경이다.

북경의 모든 시장에선 종이로 만든 말·수레·사람 같은 아이들 장난감을 판다. 이런 것은 손만 댔다 하면 부서지는 물건이다. 한 푼어치도 안 될 것 같은데 가게에서 팔리는 것을 보니 허영과 사치를 좋아하는 습속이 있는가 싶었다.

행상들 중에는 장대 위에 조그만 원숭이를 올려놓고 다닌다.

원숭이가 팔을 놀리는 것이 절도가 있고 털도 바람에 날리는데, 옆에 바싹 다가가 보면 만든 것이다. 이런 방법으로 사람을 모이게 해서 물건을 판다.

옷가게에 가면 반드시 두 손을 쳐들고 큰 소리로 물건의 품질과 내력을 외치는 사람이 있다. 만일 가죽 옷이라면 '이것은 가죽으로 만든 것으로 섬서성(陝西省)에서 온 것입니다'라고 하는 따위이다. 외침이 끝나면 왼쪽으로 옮겨 놓는다. 대개 한 옷가게에 있는 새 옷·묵은 옷들의 수가 백 가지 천 가지나 되는데, 산더미처럼 쌓인 옷을 온종일 이리 옮기고 저리 옮기면서 계속 외쳐 댄다. 가끔 기운이 빠지고 목이 쉬어 소리가 제대로 안 나오는 사람도 있다. 외치는 소리와 가락이 맑고 씩씩해서 웃으며 들을 만하다 싶으면 지나던 사람들이 모여들어 갈채를 보낸다. 그러면 외치는 사람은 더욱 신이 나 배우처럼 연기를 하기도 한다. 모든 점포들이 사람을 모으려고 기를 쓴다. 사람이 모이면 장사가 잘되기 때문이다.

머리를 깎는 사람은 천칭 저울처럼 한쪽 어깨에 두 개의 둥근 통을 메고 다닌다. 통 바깥은 울긋불긋 칠을 했고, 통 안에는 머리 미는 칼, 크고 작은 빗, 세숫대야, 화로와 주전자 등 물 데우는 기구들이 구비되어 있었다. 또 귀이개, 티눈 파내는 것 등 씻고 깎는 데 필요한 자질구레한 기구까지 다 갖춰 있었다. 이처럼 남들이 시키는 일을 달게 여기고 천한 일도 꺼리지 않는 것을 보면서, 중국이 오랫동안 태평한 시절을 보내다 보니 인구가 늘어나 사람들의 생활이 어려워져서 그런가 하는 생각이 들었다.

시장은 그곳 사람들이 먹고살아 가는 생활의 모든 것을 볼 수 있는 곳이다. 홍대용은 이 글에서 중국 저잣거리를 묘사하며 중국의 사회가 움직이는 구체적인 현장을 생생하게 전달하고 있다.

중국의 기계 제도

수레

(전략)

사람이 타는 수레를 태평거(太平車)라고 한다. 멍에채와 바퀴가 각각 두 개로, 보통 수레와 같다. 수레 위에는 길고 둥근 집을 만들어 푸른색 천을 덮고, 좌우로는 사방 한 자쯤 터놓아 밖을 내다보기에 편리하다. 앞에는 주렴을 쳤고, 주렴 안은 두 사람이 누울 정도이다. 바닥에는 널판 대신에 등나무 자리를 깔아 놓은 것도 있는데 이것을 '등거'(藤車)라고 한다. 이것을 타고 길을 가면 몸이 심하게 흔들리는 일이 없다. 주렴 밖에는 널판을 가로놓고, 수레 모는 사람은 그 위에 이불을 깔고 채찍을 잡고 앉는다. 그리고 험한 길이 아니면 내려오지 않는다.

관리들이 타는 수레는 집에 처마가 있고 위는 납으로 덮었다. 장막과 주렴에 채색 담요를 쳐서 추위를 막고, 좌우에 유리를 붙였다. 수레의 바퀴축이 멍에채 뒤끝에 있으면 수레 안이 훨씬 덜 흔들린다. 그러나 축이 뒤에 있을 때는 수레에 실은 모든 무게를 말이 지탱해야 하므로 귀한 사람들의 수레만 이런 식이다. 그외는 수레 위에 만들어 놓은 집 가운데에 축을 넣어 앞뒤의 평형이 맞도록 무게를 똑같이 했다. 이렇게 하면 수레의 무게가 바퀴축에 얹히므로 말이 힘들지 않다.

북경 안에서 태평거를 몰 때는 한 마리 말로 끈다. 먼 길을 갈 때에는 두 마리가 끄는데, 서너 마리가 끄는 것은 보지 못했다. 북경에서 운임을 내고 타는 수레들은 나귀 한 마리에 십여 명의 사람들을 태우고 나는 듯이 달린다.

북경의 급수차는 수레 위에 물통을 설치하여 싣고 다닌다. 여덟 개 내지 열 개의 물통을 싣고 다니는데 위에는 뚜껑이 덮여 있다. 한 통에 한 섬 가량 들어갈 것 같았다.

심양(瀋陽) 시장에서 떡과 과일을 파는 사람과 북경에서 분뇨를 싣고 다니는 사람들은 대부분 작은 외바퀴 수레를 사용하는데, 바퀴의 지름이 46센티미터 정도이다. 수레에 연결된 양쪽의 멍에채는 뒤가 길고 높이는 겨드랑이에 닿을 정도이다. 그 중간에는 쇠가 장치되어 있어서 수레가 설 때는 아래로 내려가 좌우로 받치기 때문에 수레가 기울어지지 않는다. 수레가 갈 때는 위로 매는 끈이 있어 이것을 두 어깨에 매고 두 손으로 앞으로 밀며 가는데, 그 모습이 날아가는 것 같다. 수레 위는 상자처럼 만들어져서 그곳에 물건을 싣는다. 가득 실으면 말 한 마리가 실을 수 있는 양만큼 된다. 이런 종류의 수레 중에서 큰 것은 바퀴의 지름이 두 배이고, 좌우로 각각 상자를 달았다. 바퀴는 양쪽 상자 사이에서 굴러가게 되어 있으며 이것도 한 사람이 민다. 물건을 무겁게 실을 때는 한두 사람이 새끼줄을 걸어 끌어당기기도 한다. 간혹 한쪽 상자에는 물건을 싣고 한쪽 상자에는 노약자나 부녀자를 태우기도 한다. 이런 수레를 가지고 있는 사람들은 모두 남루한 옷을 입고 고달프게 사는 걸인 같은 사람들이다.

수레의 바퀴는 큰 것도 있고 작은 것도 있지만, 양쪽 바퀴 사이의 길이는 모든 수레가 한 치도 다르지 않다. 이것이 바로 '동궤'(同軌)¹라는 것이다. 만약 그렇지 않을 경우, 길에 난 바퀴 자국과 맞지 않아 한쪽이 걸려서 다닐 수 없다. 또 양쪽 바퀴가 바퀴 자국에 들어맞지 않을 경우에는 말 다니는 길이 바퀴에 닿으므로 더욱 가기가 어렵다. 대개 큰 길들은 길 전체가 수레바퀴 자국이므로 겨울에 땅이 얼면 울퉁불퉁해지는데, 그때 그 위로 수레를 타고 지나가면 좌우로 튀고 흔들려 머리와 몸이 부딪치기도 하고 멀미와 현기증이 일어 견디기 힘들다.

(후략)

1_ 동궤(同軌): 세상 수레의 바퀴와 바퀴 사이의 너비가 같다는 것으로, 흔히 중국이 정치적으로 통일된 것을 상징하는 뜻으로도 쓰인다.

선박

중국의 선박 제도는 더욱 정교하고 치밀하다. 통하(通河)에 있을 때 바다로 다니는 배를 본 일이 있다. 배 위는 판자로 집을 지어 놓았고, 기름과 분말로 틈새를 발랐다. 판자문은 겨우 두서너 사람이 들어갈 정도인데, 노를 젓고 닻을 거두고 하는 일을 모두 이 배 위의 집에서 한다. 이것은 '몽충'(蒙衝)[2] 이라는 옛날 전투 선박의 제도에서 유래한 것으로, 바람과 파도를 걱정할 일이 없고 해상 전투에서도 쓸 수 있다. 우리나라 거북선의 내부도 역시 판자를 깔아서 앉거나 누울 때 습기가 차지 않고 깨끗하며 다니기에 매우 좋다. 그런데 중국의 배들은 하천이나 강에 뜨는 배까지도 모두 그렇게 만든다. 중국의 기계나 물건들은 편리한 것을 제일로 여기므로, 우리나라처럼 대충 만드는 일이 없다.

물을 거슬러 올라가는 배들은 닻줄을 당겨 돛을 장대 끝에 달고 다닌다. 나룻배는 노를 쓰지 않고 양쪽 언덕에 굵은 밧줄을 가로질러 매어 두고 줄을 잡아당겨서 나루를 건넌다. 수레를 실을 때는 판자 두 장을 깔고 바퀴가 지나가게 만들어 평지에서처럼 움직일 수 있다.

통하에는 부교(浮橋)[3] 가 많았다. 큰 배들을 가로로 첩첩이 늘어놓은 뒤, 판자를 걸치고 그 위에 흙을 깔아 사람과 짐이 오

---

[2] 몽충(蒙衝): 고대의 병선으로, 선체의 겉이 소가죽으로 싸여 있어 화살을 막을 수 있으며 적함과 충돌하여 적함을 파괴하는 배이다.
[3] 부교(浮橋): 배들을 이어 임시로 놓는 배다리이다.

갈 수 있게 만든 것이다. 이것은 여름에 장마가 져도 물 높이대로 다리가 오르내리니, 무너지거나 가라앉을 염려가 없다. 또한 통행도 막히지 않으니 이것이 배다리의 편리한 점이다.

(후략)

우물

우물을 보면 돌로 뚜껑을 하고 겨우 두레박이 들어갈 만큼 구멍을 파 놓았다. 평양에 있는 기자정(箕子井)을 생각하면 된다. 재나 티끌이 들어가지 않고 바람과 햇빛도 들어가지 않으므로 물과 흙이 잘 보존되어 샘물 맛이 변하지 않는다. 또 우물가에 어린아이들이 기어 다녀도 걱정할 것이 없다. 중국 사람들의 치밀함은 본받을 만하다.

우물물을 길을 때엔 대개 도르래를 사용한다. 두 개의 기둥을 세우고 나무를 가로 걸쳐 시렁처럼 만들어서 두 기둥 사이에 축을 꿴다. 그리고 축을 가운데 놓고 물레 같은 틀을 만든다. 축 끝에는 굽은 손잡이를 만들고 손으로 물레를 잣듯이 돌리면 축에 줄이 매달려 두레박을 위아래로 오르내리게 한다. 우물 구멍은 두레박 두 개가 드나들 정도의 넓이인데, 한 틀에 두레박줄 두 개를 맨다. 축을 한 번 돌리면 두 줄 중 하나는 풀리고 하나는 감기면서 빈 두레박은 내려가고 물이 담긴 두레박은 올라온다. 손으로 돌리는 데 힘도 덜 들고 한 번 돌리면서 두 가지 일을 한다. 두레박은 버들을 엮어서 만드는데, 우리나라 버들고리와 같다. 물에 젖으면 틈이 메워져 물이 그리 새지도 않고 여물고 질겨서 오래 가며, 바가지처럼 쉽게 깨어지지도 않는다.

밀가루 체

음식점에서 파는 여러 가지 떡과 과자 등은 밀가루로만 만든다. 밀가루를 치는 체는 크기가 십여 아름이나 된다. 조그만 집을 만들고 사방을 종이로 바른 다음 체를 그 안에 들여놓는다. 체에는 나무 자루가 붙어 있는데 집 밖으로 나와 있고, 자루 끝에는 가로로 나무가 붙어 있다. 한 사람이 집 밖에서 이것을 번갈아 밟으면, 안에 있는 체가 좌우로 부딪쳐서 가는 가루가 아래로 새어 내려온다. 바람도 들어가지 않고 가루도 날리지 않아 밀가루의 손실이 전혀 없다. 중국 기계들은 대부분 발로 밟는데, 손으로 움직이는 것에 비해 힘은 절반도 안 들고 일은 배로 하게 된다.

등

관이나 민간에서 모두 횃불을 쓰지 않고 등롱(燈籠)을 사용한다. 손바닥만한 쇠판의 가운데가 뾰족해서 거기에 초를 꽂는다. 옆에는 두 대의 기둥이 있는데, 위에는 들 수 있는 끈이 있다. 철사로 위아래가 뚫린 둥근 통을 얽고 안에는 종이를 발랐는데, 그것을 위에서 들씌워 쇠판에 얹는다.

양각등(羊角燈)은, 쇠판과 쇠기둥이 있는 것은 같은데 둥근 통이 유리 같다. 유리 같은 통은 뿔을 고아 나온 아교로 만든 것이다. 만드는 방법은 듣지 못했다. 정월 보름밤에 다는 양각등은 등 위에 화초·새·짐승의 그림을 그리고 색색의 술을 다는데, 매우 화려하고 사치스럽다.

어병(魚甁)은 양각등처럼 밝고 맑다. 고운 빛 물고기들을 어항에 담아서 대들보에 매단다. 그것을 밑에서 바라보면 물고기가 한 자나 되는 것처럼 크게 보인다. 쌀을 고아 만든 아교로 제작한다는데 연약해서 깨어지기 쉽고, 여름이 되면 녹아서 사용할 수 없다고 한다.

백보등(百步燈)이란 것은 '조적등'(照賊燈)이라고도 한다. 백 보 밖에 있는 도둑을 비출 수 있지만, 도둑은 이쪽 사람을 볼 수 없다고 한다. 역시 신기한 기구이다. 그 모양은 길고 둥근데, 지름은 한 뼘밖에 안 된다. 위의 덮개는 우산 모양 같기도 하고 지붕 모양 같기도 하다. 앞뒤가 각각 반원형이다. 다만 앞의 것이 조금 작아서 뒤의 반원 안에 돌려 끼우게 되어 있다. 촛불을 붙인 다음 돌려 끼워서 앞을 막는다. 앞의 반원은 그 속에다 유리를 붙여 빛을 환히 통하게 하는데, 유리는 둥글고 손바닥 두께만 하며 바깥쪽이 약간 튀어나왔다. 뒤의 반원에도 유리를 동판 안에 붙여 빛을 반사하도록 해 빛이 멀리까지 갈 수 있게 했다. 이것은 망원경의 이치를 본뜬 것이다.

홍대용은 평소 실용 학문의 중요성을 역설했다. 이 글에는 그러한 관심이 잘 드러난다. 홍대용은 청나라 문물 가운데 유용한 제도, 편리한 기계 등의 선진적인 면을 관찰하고 기록하여 조선의 이용후생(利用厚生)에 이바지하고자 했다.

허자, 의무려산에서
실옹을 만나다:

새로운 세계관의 모색

의무려산으로 간 허자

 허자(虛子)는 30년 동안 은거한 채 오로지 공부만 하며 산 사람이다. 허자는 세상의 모든 법칙과 진리를 모두 깨달았다고 생각했다. 세상으로 나와 사람들에게 이야기해 보았다. 그런데 허자의 이야기를 듣던 사람들은 모두 그를 비웃었다. 허자는 답답해서 이렇게 생각했다.
 '작은 지식을 가진 사람들에게 큰 지혜를 이야기해 봐야 이해할 수 없겠지. 천박한 세속 사람들과 학문을 이야기할 순 없다.'
 그리하여 허자는 북경으로 갔다. 허자는 그곳에서 육십 일 동안 지내며 청나라 선비들을 만나 많은 이야기를 나눴다. 그러나 끝내 허자를 알아주는 사람은 만나지 못했다. 허자는 긴 한숨을 쉬며 탄식했다.
 "어떻게 된 세상인가? 내가 공부한 유학이 잘못된 것인가?"
 허자는 짐을 꾸려 다시 돌아가기로 했다. 돌아가는 길에 중국 동북 지역의 명산인 의무려산(醫巫閭山)[1]을 오르게 되었다. 산 위에 오르니 멀리 남쪽으로 바다가 바라다보였고, 북쪽으로 저 멀리 사막이 보였다. 그 까마득하게 펼쳐진 광경을 내려다보던 허자는 눈물을 줄줄 흘리기 시작했다.

1_ 의무려산(醫巫閭山): 중국 요녕성(遼寧省) 북진현(北鎭縣) 서쪽에 있는 산이다.

"노자(老子)는 오랑캐 나라에 들어가겠다고 했다. 공자(孔子)도 바다를 떠돌고 싶다고 했다. 그게 옳지, 옳아!"

 허자는 마침내 세상을 피해 살기로 마음먹었다.

 허자는 터벅터벅 걸어서 수십 리를 가다가 길에 돌문이 하나 서 있는 것을 발견했다. 돌문에는 '실(實)이 사는 문'이라고 씌어 있었다. 허자는 이렇게 생각했다.

 '의무려산은 조선과 중국의 접경이며 동북 지역의 명산이라서 분명히 숨은 선비가 살고 있을 게다. 꼭 만나봐야겠다.'

 돌문으로 들어가니 커다란 한 사람이 보였다. 그는 나무 위에 홀로 앉아 있었는데 매우 괴이해 보였다. 그리고 옆에 있는 나무판엔 '실옹(實翁)이 사는 곳'이라고 써 있었다. 허자는 그것을 보고 이렇게 생각했다.

 '내가 비었다는 뜻의 '허'(虛) 자로 이름을 붙인 것은 사실상 세상의 '실'(實)을 알아보려고 한 뜻이었다. 저 거인이 '실'이라고 이름 붙인 것을 보니 아마도 세상의 헛된 것을 깨뜨리려는 뜻이 있는 것 같다. 허를 찔러 실을 취하는 허허실실의 계책은 오묘한 진리이니, 그의 이야기를 들어 봐야겠다.'

 허자는 거인 앞으로 엉금엉금 기어가 절한 뒤 두 손을 공손히 잡고 그의 오른쪽에 섰다. 그러나 거인은 고개를 떨구고 멍하게 있는 것이 허자를 보는 것 같지 않았다. 허자는 갑갑해서 거인의 눈앞에 손을 번쩍 들고 이렇게 말했다.

"군자가 사람을 대하는 것이 이렇게 거만할 수 있는 겁니까?"

그러자 거인이 입을 열었다.

"그대는 동해에서 온 허자요?"

허자는 놀라서 주춤하다가 대답했다.

"그렇습니다만, 선생께선 어떻게 그것을 아시나요? 무슨 술법을 쓰시는 분입니까?"

그러자 거인은 무릎에 팔꿈치를 대고는 몸을 앞으로 내밀며 눈을 부릅뜨고 말하기 시작했다.

"그대는 과연 허자가 맞나 보구려! 내게 무슨 술법이 있겠소? 그대가 옷 입은 모습과 그대의 목소리를 듣고 동쪽에서 온 사람이라는 것을 알았을 뿐이지. 또 그대는 예의를 차린다고 겸손한 척 꾸미고 거짓으로 공손한 태도를 보이며 사람을 대합디다. 그것을 보고 그대가 좀 빈 사람이라는 것을 알고 '허자'이겠거니 한 것이오. 그런데 내가 무슨 술법을 쓰겠소?"

허자는 깜짝 놀라 억울한 듯이 말을 받았다.

"어진 분을 높이 받들어 모실 때는 무엇보다 공손해야 합니다. 제가 선생을 뵈니 현명한 분이라고 생각되었습니다. 그래서 그런 분에게 맞는 예의를 보이려고 엉금엉금 기어가서 절한 다음 손을 맞잡고 오른쪽에 섰던 것입니다. 그런데 선생께서는 일부러 겸손한 척하고 공손한 체한다고 하시니 무슨 까닭으로 그렇게 말씀하시는 건가요?"

거인이 차분하게 말했다.

"이리 오시오. 시험 삼아 그대에게 물어보겠소. 그대는 내가 누구라고 생각하오?"

허자가 대답했다.

"현명하신 분이라는 것을 알 뿐, 선생이 누구신지 어떻게 알겠습니까?"

그러자 거인이 말했다.

"그렇다면 그대는 내가 누군지도 모르면서 어떻게 내가 현명한 사람인지 안다는 거요?"

허자가 대답했다.

"제가 선생을 뵈니, 모습이 흙과 나무처럼 꾸밈이 없었습니다. 목소리는 생황 소리나 종소리 같았습니다. 그리고 사람들이 사는 세상을 떠나 혼자 깊은 산속에서 살면서도 불안한 기색이 없으십니다. 이런 것으로 보아 선생이 현명한 선비라고 생각했습니다."

거인이 말했다.

"그대의 생각은 참으로 한심하구려. 그대는 저 돌문에 적힌 글자와 나무판에 쓰인 글자를 보지 못했단 말이오? 그대는 저 돌문으로 들어왔고 나무판 글자도 보았을 테니 당연히 내 이름을 알게 되었을 것인데도 모른다고 했소. 그리고 내가 현명한 선비인지 확인도 안 했으면서 그렇다고 했소. 이러니 그대가 너무나 헛되다는 거요.

(…중략…)

이름이나 호는 그 사람을 상징하는 것이오. 그대는 이미 내 이름이 '실옹'이라는 것을 알았으니 내가 실제를 중요시하는 사람이라는 것을 알았을 것이오. 그런데 나를 현명한 선비라고 했소. 그것은 왜 그런 거요? 그대는 내 모습을 흙과 나무에 비유했고, 내 목소리를 생황과 종에 비유했으며, 또 내가 산속에 사는 것을 속세를 피해 혼자 깊은 산속에서 살면서도 불안한 기색이 없는 성인(聖人)에 비유했소. 이러한 비유로 마구 둘러대는 그대의 말은 아첨이 아니면 거짓말이오.
　사람의 몸을 흙이나 나무에 비유하는 것은 사실과 동떨어진 것이고, 목과 폐에서 나오는 소리를 쇠붙이나 대나무로 만든 악기에 비유하는 것도 사실과 동떨어진 것이오. 또 속세를 피해 혼자 섰던 사람은 공자(孔子)였고, 산속에 살면서도 불안해 하지 않았던 사람은 순(舜)임금이었소. 과연 그대는 나를 공자나 순임금으로 생각한다는 것이오? 그렇지만 내 학문이 공자보다 못한지 나은지 어떻게 아시오? 또한 나의 성스러움이 순임금만 못한지 더한지 어떻게 아시오? 이렇게 그대는 내게서 아무것도 확인한 것이 없는데, 갑자기 나를 그들에 비유했으니 이것은 아첨이 아니면 거짓이오."

계속해서 실옹은 질문을 던졌다.

"그러면 그대가 말하는 현명한 선비란 어떤 사람을 말하는지 한번 물어봅시다."

허자는 이렇게 대답했다.

"유학에서 말하는 현명한 선비란 주공(周公)과 공자(孔子)의 학문을 높이고 정자(程子)와 주자(朱子)의 말을 익혀서 올바른 유학이 서도록 합니다. 그리고 유학 이외의 다른 학문을 배우지 아니합니다. 또 어진 마음으로 세상을 구하고, 신중하게 생각하여 자신의 몸을 흐트러지지 않게 잘 보전하는 사람입니다."

그 말을 들은 실옹은 고개를 젖히고 웃더니 다시 엄숙한 표정을 지으며 다음과 같이 말했다.

"그대는 유학에 빠져 있구려. 슬픈 일이지만 유학이 사라진 지 이미 오래되었소. 공자가 죽은 뒤에는 제자들이 공자의 뜻을 어지럽혔고, 주자에게 배운 여러 유학자들도 그의 뜻을 어지럽

했소. 그들의 학문을 높이면서도 그들이 전하려고 한 진리는 잊어버렸고, 그들의 말만 익혀 외우면서도 그들이 전하려고 한 본뜻은 잃어버렸소.

올바른 유학을 세우겠다는 것은 사실상 자랑하려는 마음에서 나온 말이고, 유학 외에 다른 학문을 배척한다는 것은 이기려는 마음에서 나온 것이오. 인(仁)으로 세상을 구제하겠다는 것은 권력을 잡고 그것을 유지하려는 마음에서 나온 것이고, 몸을 보전하는 명철함도 실상 자기 이익을 얻으려는 마음에서 나온 것이오. 이 네 가지 마음이 서로 다르니 참뜻과 멀어지고 온 천하는 도도한 물결처럼 허망으로 치닫게 된 것이오.

지금 그대는 겸손한 척 공손한 척 꾸미면서 스스로 어질다고 생각하고 있고, 또 모습과 음성만으로 다른 사람을 어진 사람이라고 판단했소. 마음이 헛되면 예의도 헛되고, 예의가 헛되면 모든 일이 헛되오. 자신에게 헛되면 남에게도 헛되고, 남에게 헛되면 온 천하가 헛되어지는 거요. 자칫 잘못하면 유학도 세상을 어지럽히게 되오. 그대는 그것을 아시겠소?"

허자는 한동안 말을 하지 못하고 있다가 조용히 말문을 열었다.

"허자는 동해 변두리에 사는 사람이라, 옛사람들이 남긴 글이나 읽고 문장이나 외우는 보잘것없는 학문에 젖어 있어서 작은 것을 보고 그것이 전부인 줄만 알고 살았습니다. 그런데 이제 선생의 말씀을 들으니 무언가 깨달을 것 같습니다. 그래서 감히 선생께 큰 도(道)에 대해 묻습니다."

실옹은 허자를 빤히 들여다보며 말했다.

"그대의 얼굴을 보니 주름도 지고 머리카락도 세었구려. 내가 말하기 전에 먼저 그대가 그동안 배운 것들에 대해 말해 보시오."

그러자 허자가 다음과 같이 대답했다.

"어려서는 옛 성현들의 글을 읽었습니다. 커서는 시(詩)와 예(禮)에 대한 공부도 배우고 익혔습니다. 그리고 이 세계가 움직이는 법칙이라든지 사람과 사물의 이치를 탐구했습니다. 마음은 충직하고 경건하게 다스렸고, 일을 할 때는 성실하고 민첩하게 했습니다. 나라를 다스리고 세상을 구제하는 방책은 유학이 모범으로 삼는 주나라 제도를 기본으로 삼았고, 벼슬에서 물러날 때의 도리는 훌륭한 고대의 재상들을 본받았습니다. 그밖에도 예술과 천문학과 국방과 수학 등등 여러 가지를 두루 배웠습니다. 그러나 유학자로서 가장 기본적으로 갖추어야 할 공부가 있지요. 유학의 여섯 가지 중요한 경전[2]을 잘 이해하고, 거기에 정자와 주자가 붙인 학설을 참고하는 것입니다. 저는 이런 것들을 배웠습니다."

허자의 장황한 말에 실옹은 이렇게 대답했다.

---

[2] 유학의 여섯 경전은 『역경』(易經), 『서경』(書經), 『시경』(詩經), 『춘추』(春秋), 『예기』(禮記), 『악기』(樂記)이다. 이 경전을 육경(六經)이라고 한다.

"그대 말대로라면 유학 하는 선비가 배워야 할 학문을 모두 갖추었구려. 그런데 또 뭐가 부족해서 내게 묻는 거요? 그대는 말재주를 부려서 나를 몰아붙일 작정이오? 아니면 나와 학문을 겨뤄 보겠다는 거요? 그것도 아니면 나를 시험하려는 거요?"

그러자 허자는 깜짝 놀라 일어나서 절하고 이렇게 말하기 시작했다.

"선생께선 무슨 말씀을 그리 하십니까? 저는 자질구레한 것만 알고 큰 학문을 듣지 못했기에, 우물 안 개구리가 하늘을 쳐다보듯이 잘난 체했고, 여름 한 철만 사는 벌레가 얼음에 대해 말하듯 무식하기 짝이 없었습니다. 이제 선생을 뵙고 나니 마음이 확 트이고 눈과 귀가 밝아지는 것 같습니다. 그래서 마음과 정성을 다해 배우려고 하는데, 선생께선 무슨 말씀이십니까?"

이 글은 홍대용 최고의 저작인 『의산문답』(毉山問答)의 서두 부분이다. 『의산문답』은 실옹과 허자라는 가상의 두 인물이 나와 문답하는 형식의 글이다. 허자라는 인물은 18세기 조선의 유학자를 상징하며, 실옹은 허자와 같은 유학자의 허위의식을 깨고 새로운 세계관을 제시하는 역할을 맡는다. 그리고 이 글의 배경이 되는 의무려산은 중화(中華)와 동이(東夷), 중국와 조선의 경계를 상징한다. 이 경계에서, 기존의 화이론을 이론적으로 완전히 부숴 버리면서 인간과 세계에 대한 전대미문의 새로운 모색을 시도한다.

사람과 만물은 평등하다

실옹이 말했다.

"그대는 과연 유학자요. 처음 배울 때는 먼저 빗자루 들고 청소하는 것부터 시작하고, 그런 다음 세상의 이치를 배우는 것이 배움의 순서라오. 그래서 나는 그대에게 큰 도를 말하기 전에 근본부터 말해 주어야겠소.

인간이 세상 만물과 다른 것은 마음이 있기 때문이오. 또 사람 마음이 세상 만물과 다른 것은 인간이라는 모습의 몸을 가졌기 때문이오. 자, 이제 그대에게 묻겠소. 그대의 몸과 만물이 다른 점은 무엇인지 말해 보시오."

허자가 대답했다.

"사람의 몸은 세상을 상징합니다. 사람의 머리가 둥근 것은 하늘을 상징하고, 발이 모난 것은 땅을 상징합니다. 피부와 머리카락은 산과 숲을 상징하고, 피는 강과 바다를 상징하지요. 또 두 눈은 해와 달을 상징하고, 호흡은 바람과 구름을 상징합니다. 그래서 사람의 몸을 세상의 축소판이라고 하지요. 그리고 사람이 태어나는 것은, 부모의 피가 사랑으로 엉겨 어머니 뱃속에 태를 만들게 되고, 그곳에서 열 달이 되면 태어납니다. 또 사람은 나이가 들어 가면서 지혜가 커지고, 귀와 눈과 입과 코 등의 감각 기관이 모두 밝아지며, 기쁨·노여움·욕심·두려움·근심 등의 감정이 모두 갖추어집니다. 사람의 몸과 만물이 다른 점은 이런 게 아닌지요?"

실옹이 말했다.

"어허, 그대의 말대로라면 사람이 만물과 다른 점이 없지 않소? 피부에 털과 살갗이 있는 것은 식물도 사람과 다를 게 없소. 또 부모의 사랑과 피가 섞여서 자식을 낳게 되는 것도 식물과 사람 모두 같은 것 아니오? 하물며 짐승과 사람 사이에는 무엇이 다르다 말이오?

다시 그대에게 물어봅시다. 생물은 사람과 동물과 식물의 세 종류가 있지 않소. 그중 식물은 뿌리로부터 거꾸로 자라는 까닭에 지각은 있어도 감각이 없고, 동물은 가로로 자라는 까닭에 감각은 있어도 지혜가 없소이다. 이 셋은 알력을 일으키기도 하고 멸하기도 하여, 서로 흥하기도 하고 쇠하기도 하나니, 귀천의 차별이 있는 거요?"

허자가 말했다.

"세상 생물 중에서 오직 사람만이 귀합니다. 동물은 지혜가 없고 식물은 감각이 없으니까요. 또 이들에게는 예의가 없습니다. 그러니 사람은 동물보다 귀하고, 식물은 동물보다 천한 존재지요."

허자의 말에 실옹은 고개를 젖히고 웃으며 말했다.

"허허, 그대는 정말 사람이구려. 사람에게는 사람으로서 지켜야 할 오륜(五倫)이나 오사(五事)[1] 같은 예의가 있다오. 그렇지만 동물에게도 예의가 있으니, 무리를 지어 다니면서 함께 먹이를 먹는 것이 그들의 예의라오. 식물에게도 예의가 있으니, 군락을 지어서 가지를 뻗어 나가는 것이 그들의 예의지요. 사람 입장에서 만물을 보면 사람이 귀하고 만물이 천하지만, 만물 입장에서 사람을 보면 만물이 귀하고 사람이 천할 것이오. 그러나 하늘의 입장에서 보면 사람이나 만물은 균등한 것이오.

지혜가 없는 존재는 남을 속이지 않고, 감각이 없는 존재는 하는 일도 없는 법이오. 그렇다면 만물이 사람보다 더 귀한 것이 아니겠소? 또 봉황과 용은 하늘 높은 곳에서 날아다니오. 시초(蓍草)[2]와 울금초(鬱金草)[3]는 점을 치거나 제사 지낼 때 신과 통하는 식물이고, 소나무와 잣나무는 재목으로 쓰인다오. 이들을 사람과 비교하면 어느 것이 귀하고 어느 것이 천하다고 하겠소? 무릇 뽐내는 마음보다 더 심한 것은 없소. 사람이 사람을 귀하게 여기고 만물을 천하게 여기는 것은 바로 뽐내는 마음 때문 아니겠소."

허자가 말했다.

1_ 오사(五事): 수신(修身)과 관련된 다섯 가지 일을 말한다. 즉, 얼굴은 공손하게, 말은 바르게, 보는 것은 밝게, 듣는 것은 자세하게, 생각은 깊게 하는 것이다.
2_ 시초(蓍草): 톱풀을 말한다. 그 줄기는 점치는 데 쓰였다.
3_ 울금초(鬱金草): 생강과에 속하는 다년초이다. 옛날에는 강신제(降神祭)를 지낼 때 울금초를 쪄서 옻기장으로 빚은 창주(鬯酒)를 올렸다.

"그렇지만 봉황과 용이 날아다닌다 한들 그것들은 동물일 뿐입니다. 시초나 울금초, 소나무와 잣나무도 식물일 뿐이고요. 또 그것들은 사람들에게 어질게 혜택을 베풀기에 부족한 점이 있습니다. 그것들은 지혜롭게 세상을 다스리기에도 부족합니다. 그리고 예의를 갖추기 위한 여러 제도를 시행할 줄도 모릅니다. 그런데 어떻게 사람과 같다고 할 수 있겠습니까?"

그러자 실옹이 말했다.

"그대는 너무나 어리석구려! 물고기들을 놀라게 하지 않는 것이 용이 베푸는 은혜라오. 새들을 겁나게 하지 않는 것은 봉황의 다스림이라오. 오색구름은 용의 의장(儀仗)이고, 온몸을 휘감은 아름다운 색채는 봉황의 복식이라오. 바람과 우레는 용의 형벌이고, 높은 언덕에서 내는 멋진 울음소리는 봉황의 예악(禮樂)이구려. 시초로 만든 점치는 도구와 울금초로 담근 술은 종묘와 사직의 제례에서 귀하게 쓰이며, 소나무·잣나무는 집 지을 때 기둥과 대들보를 세우는 데 중요한 재료가 되지 않소.

그래서 옛사람들은 백성에게 혜택을 주고 세상을 다스리고자 할 때 모든 생물을 관찰하며 참고했다오. 왕과 신하의 의리는 벌을 보고, 군대의 제도는 개미를 보고, 예절은 박쥐를 보고, 그물 치는 법은 거미를 보고서 각기 배울 점을 따온 것이라오. 그래서 '성인은 만물을 스승으로 삼는다'라고 했던 것이오. 그런데 어째서 그대는 하늘의 입장에서 사물을 보지 않고, 사람의 입장에서만 사물을 보는 거요?"

허자가 깜짝 놀라며 크게 깨달아 다시 절했다.

"사람과 만물에 차등이 없다는 선생의 가르침을 높이 받들겠습니다. 그리고 다시 여쭙겠습니다. 이 세상에 사람과 만물은 어떻게 생기게 된 것입니까?"

이에 실옹은 대답했다.

"좋은 물음이오. 사람과 만물은 하늘과 땅을 근본으로 하여 생긴 것이니 그 질문에 답하기 전에 먼저 하늘과 땅에 대한 이야기부터 시작해 봅시다."

앞 글에서 실옹은 허자에게 세상을 보고 학문을 하는 데 있어서 객관적이고 실증적인 자세부터 갖추어야 한다고 했다. 그리고 이 글에서는 '자연과 인간'에 대한 편견을 없애는 새로운 시각을 제시한다. 본래 유학은 '천지 만물 중 인간이 가장 귀하다'며 인간 중심적 사고를 하지만, 실옹은 '하늘의 입장에서 보면 사람과 만물은 모두 균등하다'는 상대주의적 관점으로 기존 유학이 가지고 있는 편견부터 깨부수기 시작한다.

우주와 지구에 대한 새로운 인식

땅은 둥글다

실옹은 천천히 이야기를 시작했다.

"우주는 본디 고요하고 비어 있는데, '기'(氣)로 가득 차 있다오. 우주는 안도 없고 바깥도 없으며 시작도 없고 끝도 없지요. 그러다 기가 쌓이고 뭉쳐서 어떤 물질을 이루는 바탕이 되기도 하오. 그것들은 허공에 두루 퍼지는데, 어떤 것은 돌기도 하고 어떤 것은 멈추어 있기도 하지요. 우리가 사는 땅과 달과 해와 별들이 그런 것이오. 한편 우리가 사는 땅의 바탕은 물과 흙이라오. 땅의 모양은 둥글며 허공 속에 떠서 쉬지 않고 돌고 있소. 만물은 그 표면에 붙어사는 것이지요."

허자가 눈을 동그랗게 뜨고 물었다.

"옛사람들은 '하늘은 둥글고 땅은 모나다'라고 말했습니다. 그런데 지금 선생께서는 '땅의 모양이 둥글다'고 하셨습니다. 어떤 이유에서 그렇게 말씀하시는 겁니까?"

실옹이 대답했다.

"사람들의 어리석음을 깨우치기가 이렇게 어려울 수가 있나! 만물을 살펴보시오. 만물은 모두 둥글둥글하지 않소. 모난 것은 없구려. 그렇다면 땅은 어떻겠소? 쉽게 확인할 방법이 있다오.

달이 해를 가리면 일식이 되오. 그런데 가려진 모습을 보면 반드시 둥그니, 그것은 달의 모양이 둥글기 때문이오. 또 우리가 사는 땅이 해를 가리면 월식이 된다오. 이때 가려진 부분의 모양을 보면 둥근데, 그것은 땅의 모양이 둥글기 때문이오. 그러니 월식이란 우리가 사는 땅을 비추는 거울이라 할 수 있소. 그런데 월식을 보고도 땅이 둥근 줄을 모른다면 이것은 마치 거울로 자기 얼굴을 비춰 보면서도 제 얼굴을 알아보지 못하는 것과 같은 것이오. 그러니 어리석다고 할 수 있지 않겠소?

옛날에 증자(曾子)가 '하늘은 둥글고 땅은 모나다'고 했소. 이것은 땅의 네 모퉁이를 하늘이 덮어 가릴 수 없다는 것이었소. 아무튼 여기서 그런 말이 유래한 것이오. 어떤 사람은 하늘이 둥글고 땅이 모나다는 것을 하늘과 땅의 속성에 대해 하는 말이라고 이해하기도 했소. 그러나 옛사람의 기록을 믿는 것이 사실을 눈으로 보고 실제로 증명하는 것만 하겠소? 정말로 땅이 네모나다면 육면체처럼 여섯 면이 모두 평면이 되어야 하고, 가장자리는 낭떠러지여서 마치 담벼락처럼 되어 있어야 할 게요. 그대는 그렇게 생각하오?"

허자는 그렇게 생각한다고 대답했다. 그러자 실옹이 물었다.

"그렇다면 강과 바다의 물을 비롯하여 사람과 만물들이 육면체의 한 면에만 모여 살고 있다고 보시오? 아니면 여섯 면에 고루 퍼져서 살고 있다고 보시오?"

허자는 자못 당당하게 대답했다.

"윗면에만 모여 살지요. 왜냐하면 옆면에서 살려면 가로로 살아야 하는데 그럴 수 없을 테고, 또 아랫면에서는 거꾸로 살아야 하니 역시 그럴 수 없기 때문입니다."

실옹이 다시 물었다.

"그대가 가로로 살거나 거꾸로 살 수 없다고 한 것은 그렇게 되면 밑으로 떨어진다고 생각하기 때문이오?"

허자는 그렇다고 대답했다. 실옹이 다시 물었다.

"그렇다면 사람과 만물처럼 작은 것도 밑으로 떨어지는데, 커다란 땅덩이의 무거운 중량은 어째서 밑으로 떨어지지 않는 게요?"

허자가 대답했다.

"그것은 기(氣)에 실려 있기 때문입니다."

그러자 실옹은 목소리를 높여 말했다.

"군자는 말이 실제 이치에 맞지 않으면 잘못을 인정한다오. 그러나 소인은 말이 이치에 맞지 않으면 괜히 꾸며 대곤 하오. 자, 배가 물에 뜨는 이치를 한번 생각해 봅시다. 배가 비면 짐을 실을 수 있지만 짐이 꽉 차면 배는 가라앉소. 그렇다면 기(氣)란 힘이 없는 것인데 어떻게 큰 땅덩어리를 실을 수 있다는 거요? 그대는 이전에 얻어들은 것에 집착하고, 이기려는 마음으로 말을 하며 다른 사람의 생각을 막으려 하고 있소. 이것은 올바른 이치를 구하려는 태도가 아니지 않소?

옛날 소옹(邵雍)[1]은 이치에 통달한 선비였소. 그런 그도 이런 이치를 찾다가 해답을 찾지 못했다오. 그래서 '하늘은 땅에 의지하고, 땅은 하늘에 붙어 있다'라고 했소. 땅이 하늘에 붙어 있다는 것은 옳다고 칩시다. 그러나 끝없이 크고 넓은 하늘이 어떻게 흙덩이에 의지한다는 말이오? 또 땅이 밑으로 떨어지지 않는 것은 스스로 그러한 힘이 있어서이지, 하늘과는 관계가 없다오. 그런데 소옹은 이런 것을 알지 못하면서도 억지로 자기 생각이 옳다고 장담하면서 한 세상을 속였소. 이것은 소옹이 자신을 속인 것이나 다름없소."

허자는 어찌할 바를 모르다가 절을 올리고 다시 말했다.

"제 말실수가 죄가 되는 줄 몰랐습니다. 그런데 새털처럼 가벼운 것도 떨어지는데 무거운 땅덩이가 떨어지지 않는 것은 무슨 이유입니까?"

이에 실옹이 목소리를 다시 가다듬고 대답했다.

"옛날에 어디서 주워들은 것에 매달려 있는 사람에게는 새

---

[1] 소옹(邵雍): 1011~1077. 북송(北宋)의 사상가이다.

로운 이치를 말할 수 없소. 이기려는 마음이 버릇이 되어 버린 사람과 말싸움을 할 수는 없는 일이오. 그대가 이치에 대해 알고 싶다면 예전에 주워들은 것을 싹 버리고, 이기려는 마음을 없애야 할 것이오. 그대가 마음을 비우고 말을 조심해서 한다면 내가 무엇을 숨기겠소?"

실옹은 이렇게 먼저 배우는 사람이 가져야 할 태도에 대해 주의를 준 뒤 본격적으로 허자의 질문에 대답하기 시작했다.

"끝없이 크고 넓은 우주 공간에는 하늘과 땅, 그리고 사방의 구분이 없다오. 그런데 어떻게 위와 아래가 있겠소? 그대가 한번 말해 보오. 그대의 발이 땅에서 떨어지지 않는 것은 무슨 까닭이오?"

허자가 대답했다.

"그것은 상하로 작용하는 힘이 있기 때문이지요."

그러자 실옹이 다시 물었다.

"그런가요. 그렇다면 그대의 가슴이 남쪽으로 떨어지지 않고, 그대의 등이 북쪽으로 떨어지지 않고, 그대의 왼쪽 어깨가 동쪽으로 떨어지지 않고, 그대의 오른쪽 어깨가 서쪽으로 떨어지지 않는 것은 어째서 그렇소?"

그러자 허자는 히죽 웃으며 대답했다.

"동서남북으로 작용하는 힘은 없기 때문입니다."

실옹도 웃으며 말했다.

"매우 총명하구려. 이제 이야기할 만하오. 그대의 몸에 동서남북이 없는 것과 같이 땅과 해와 달과 별도 위아래가 없다오. 사람들은 우리가 사는 땅덩이가 떨어지지 않는 것을 누구나 이상하게 생각하오. 그런데 왜 해와 달과 별이 떨어지지 않는 것은 이상하게 생각하지 않는 거요? 해와 달과 별은 우리가 볼 때 하늘로 떠오르는 것처럼 보이지만 올라가는 것이 아니라오. 또 해와 달과 별이 질 때 땅 밑으로 내려가는 것처럼 보이지만 내려가는 것이 아니라오. 하늘에 매달려 항상 머물러 있을 뿐이오. 우주 공간에 위아래가 없는 것은 관찰해 보면 매우 분명하오. 그러나 세상 사람들은 평소 가지고 있던 잘못된 생각에 젖어 그 까닭을 찾으려 하지 않소. 그 까닭을 찾으면 땅이 떨어지지 않는 것을 확실히 알 수 있소.

우리가 사는 땅은 하루에 한 바퀴를 돈다오. 그 둘레는 9만 리이며, 하루는 열두 시간[2]이오. 그런데 9만리나 되는 넓은 둘레로 열두 시간을 돌게 되니, 그 속도는 천둥이나 포탄보다 빠르다오. 이렇게 빠르게 돌기 때문에 하늘의 기가 격렬하게 부딪치며 허공에 쌓이고 땅에 모이게 된다오. 그래서 위아래로 작용하는 힘이 생기는 것이오. 이것이 우리가 사는 땅의 중력이오. 땅에서 멀어지면 이런 힘은 사라진다오.

2_ 하루는 열두 시간: 지금의 24시간을 말한다. 조선 시대의 시각 제도는 1일이 12시 96각이었다.

또 자석은 쇠를 당기고 광물은 티끌을 끌어당기게 되듯, 근본이 같은 것끼리 서로 작용하는 것은 만물의 이치라오. 그러므로 불꽃이 위로 올라가는 것은 해에 근본을 두고 있기 때문이요, 바닷물의 밀물이 위로 솟는 것은 달에 근본을 두고 있기 때문이라오. 만물이 아래로 떨어지는 것은 땅에 근본을 두고 있기 때문이오.

(…중략…)

둥근 땅 위는 어디나 중심이다

실옹은 말을 계속 이어 갔다.

"강과 바다의 물 그리고 사람과 온갖 만물이 모두 땅의 한 면에만 모여서 살고 있다면 중국을 비롯하여 그 주변 나라의 수만 리 되는 땅이 모두 평평해야 할 것이오. 또 태산이나 높은 산악과 바다 밖의 영토에 올라가 주위를 바라보면 모든 것을 한눈에 볼 수 있어야 할 것이오. 과연 그렇겠소?"

허자가 답했다.

"사람의 시력에 한계가 있지만 이치로 볼 때 그럴 것 같습니다."

실옹이 말했다.

"물론 사람의 시력에는 한계가 있소. 그러나 바다에 나가 보면 해와 달이 바다에서 나왔다가 바다로 들어가고, 들판에서 바라보면 해와 달이 들판에서 나왔다 들판으로 들어가오. 하늘은 바다나 들에 맞닿아 있고 아무것도 거칠 것이 없소. 여기에서는 시력에 한계가 있다는 말이 통하지 않소."

(…중략…)

실옹은 계속해서 우리가 사는 땅이 둥글다는 사실을 증명해 나갔다.

"땅은 하늘을 기준으로 측량하고, 하늘은 땅의 남·북극에 기준을 두고 측량하오. 하늘을 관측하는 방법에는 경위(經緯)가 있소. 수직선을 드리워 그 직선의 도수를 측량하는 것을 '천정'(天頂)[3]이라고 하고, 극으로부터 떨어져 있는 거리를 측량하는 것을 '기하위도'(幾何緯度)라고 하오.

지금 중국에서 배와 수레로 통하는 곳으로 북쪽에 러시아가 있고 남쪽에 캄보디아가 있소. 러시아의 천정은 북극과의 거리가 20도이며, 캄보디아의 천정은 남극과의 거리가 60도라오. 두

---

[3] 천정(天頂): 지구상의 관측점에서 연직선을 위쪽으로 연장하여 천구와 만나는 지점을 말한다.

천정의 차이는 90도이며, 두 지역 간의 거리는 2만 2천5백 리라오. 그런데 러시아 사람은 러시아를 중심으로 여기고, 캄보디아를 주변이라고 하오. 그런가 하면 캄보디아 사람은 캄보디아를 중심으로 여기고, 러시아를 주변으로 여긴다오.

또 중국은 서양과 경도 차이가 180도라오. 그런데 중국 사람들은 중국을 중심으로 여기고 서양은 지구 중심의 반대쪽에 거꾸로 사는 곳이라고 여긴다오. 반대로, 서양 사람들은 서양을 중심으로 여기고 중국을 중심의 반대쪽에 거꾸로 사는 곳이라고 생각하오. 하늘을 이고 땅을 밟고 있기는 어느 곳이든 모두 마찬가지요. 옆으로 사는 곳도 없고 밑에서 사는 곳도 없다오. 모든 곳이 바로 중심이라오.

세상 사람들은 옛 습관에 빠져서 이치를 살피려 하지 않고 눈앞에 있는 것도 탐구하지 않고 있소. 그러니 평생 하늘을 이고 땅을 밟고 살아도 왜 그런 것인지 모르는 것이오. 하지만 서양은 지혜와 기술이 정밀해서 모두 측량을 해 보았는데 땅이 둥글다는 '지구설'(地球說)은 의심의 여지가 없소."

지구는 스스로 돈다

허자가 다시 물었다.

"지구의 모양과 중력에 대한 말씀 잘 들었습니다. 감히 다시 여쭙겠습니다. 지구가 도는 것이 그렇게 빠르다면, 허공의 기운이 격렬하게 부딪쳐서 그 힘이 맹렬할 것입니다. 그런데 왜 사람이나 다른 물체들이 쓰러지고 넘어지지 않는지요?"

실옹이 대답했다.

"만물이 생겨날 때에 각기 기(氣)가 있어 그것이 만물을 싸고 있다오. 몸에는 크기가 있고, 그것을 싸고 있는 기는 두께가 있소. 마치 새알의 노른자위와 흰자위가 서로 붙어 있는 것과 같소. 지구는 몸집이 크기 때문에 그것을 싸고 있는 대기도 두껍다오. 이것이 엉키고 뭉쳐서 하나의 공 모양을 이루어 허공에서 돌게 되는 거라오. 그리고 허공의 기와 부딪쳐 두 기의 사이에 회오리바람 같은 것이 일어난다오. 이곳을 벗어나면 한없이 넓고 맑으며 고요하오.

허공과 지구의 두 기는 서로 부딪쳐 안으로 땅에 모이는데 강물이 낭떠러지에서 떨어져 소용돌이치는 것과 같소. 상하를 결정하는 힘은 이렇게 해서 이루어진다오. 나는 새가 공중을 빙빙 돌고 구름이 하늘에서 피어났다 흩어지는 것처럼, 물고기와

용이 물에서 놀고 쥐가 땅에서 다니는 것처럼, 모인 기 안에서 활동하는 데 넘어지거나 쓰러질 염려는 없다오. 하물며 지면에 붙어사는 사람과 만물에 있어서야 말할 것이 있겠소?

또 지구가 돌고 하늘이 운행하는 것은 그 형세가 같소. 만약 쌓인 기가 치달리는 것이 회오리바람보다 더 맹렬하다면, 사람과 만물이 심하게 쓰러지고 넘어질 것이오. 비유하자면 개미가 맷돌에 붙어 빨리 돌아가다가 바람을 만나도 쓰러지지 않는 것과 같소. 하늘이 움직이는 것은 이상하게 생각하지 않으면서 땅의 회전만 의심하니, 생각이 너무나 짧다고 할 것이오."

허자가 말했다.

"그렇지만 정밀한 서양 사람도 '하늘은 움직이지만 땅은 멈춰 있다'라고 했다지요. 공자도 '하늘의 운행은 굳세다'라고 했습니다. 그런 말들이 모두 잘못이란 말입니까?"

실옹이 대답했다.

"좋은 질문이오. '백성을 이치대로 따르게 만들 수는 있어도 이치를 이해하게 만들 수는 없다'라는 말이 있소이다. 땅은 가만히 있고 하늘이 움직인다는 것은 사람들의 일반적인 견해요. 사람들이 그렇게 이해해도 백성들의 삶에 해로울 것 없고, 달력을 만들어 나누어 주는 데에도 문제가 없다오. 그러니 그냥 그렇게 다스리는 것도 별 문제가 없지 않겠소.

송(宋)나라의 장재(張載)[4]가 이런 생각을 조금 비친 적이 있소이다. 서양 사람도 배에 타고 있으면 배가 나아가는 것을 느끼지 못하고 언덕이 가는 것처럼 느낀다는 것으로 설명한 바 있소. 다만 기상 관측에 있어서는 하늘이 움직인다는 설을 위주로 하는 것이 관측하기에 편리하다오.

그러나 하늘이 운행하는 것과 땅이 회전하는 것은 그 형세가 마찬가지이니, 굳이 나누어 말할 필요가 없소. 단지 땅이 9만리의 둘레를 한 바퀴 도는 질풍 같은 속도가 그와 같다는 것이오. 저 별과 지구의 거리는 얼마 안 되는 것 같지만, 실제는 몇 천만 억의 거리인지 알 수 없소. 더구나 그 별 밖에 또 별들이 있소. 우주 공간이 무한하면 별들도 무한할 것이오. 하루 동안 도는 속도를 생각해 보면 번개나 포탄도 따를 수 없다오. 이것은 하늘의 역법을 잘 알아도 계산할 수 없고 말로 설명할 수도 없소. 그러므로 하늘이 움직인다는 것이 이치에 맞지 않다는 것은 더 말할 필요가 없는 일이오."

지구는 우주의 중심이 아니다

실옹이 허자에게 물었다.

---

[4] 장재(張載, 1020~1077): 북송의 기(氣) 철학자로, 자는 자후(子厚)이고 호는 횡거(橫渠)이다.

"세상 사람들이 우주를 이야기할 때, 왜 지구가 하늘의 중심이며 그것을 해와 달과 별이 둘러싸고 있다고 하오?"

허자가 대답했다.

"칠정(七政)[5]이 지구를 둘러싸고 있다는 것은 관측하면 드러납니다. 그러니 지구가 중심에 있다는 것은 의심할 여지가 없지요."

실옹이 말했다.

"그렇지 않소. 하늘에 가득 찬 별들은 모두 각각 자기 세계가 있소. 별들의 세계에서 본다면, 지구도 역시 하나의 별일 뿐이오. 끝없는 세계가 우주에 흩어져 있는데, 오직 지구만이 우주의 중심에 있다는 것은 있을 수 없는 일이오.

모든 별들은 각기 자기 세계를 갖고 각기 돌고 있다오. 다른 별들의 세계에서 보는 것도 지구에서 보는 것과 같아서 각각의 별이 중심이 된다오. 각각의 별은 모두 하나의 세계이기 때문이오. 만일 칠정이 지구를 둘러싸고 있다면, 지구에서는 당연히 지구가 칠정의 중심이라고 말할 수 있을 게요. 그러나 진정 지구가 모든 별들의 중심에 있다고 한다면 그것은 우물 안 개구리와 같은 소견이오. 그러므로 칠정의 몸체는 수레바퀴처럼 스스로 돌고 연자방아의 나귀처럼 주위를 싸고돈다오. 지구에서 볼 때, 지구에 가까워서 크게 보이는 것을 해와 달이라 하오. 지구에서 멀

---

[5] 칠정(七政): 해·달·금성·목성·수성·화성·토성의 일곱 별을 말한다.

리 떨어져 있어서 작게 보이는 것을 '오성'(五星)[6]이라고 하오. 그러나 실상 모두가 별이오.

'오성'은 해를 둘러싸고 있으므로 해를 그 중심으로 삼고, 해와 달은 지구를 둘러싸고 있으므로 지구를 그 중심으로 하오. 금성과 수성은 해에 가까워서, 지구와 달은 그 별들이 도는 영역의 밖에 있소이다. 목성·화성·토성의 세 별은 해와 멀리 떨어져 있으므로 지구와 달이 그 범위 안에 있다오. 금성과 수성 사이에는 수십 개의 작은 별이 있는데, 이들은 모두 해를 중심으로 돌고 있소. 목성·화성·토성 곁에는 네다섯 개의 작은 별이 있는데, 이들은 모두 곁에 있는 큰 별을 중심으로 돈다오. 지구에서 보는 것이 이와 같으므로 각각 다른 세계에서 보는 것도 미루어 알 수 있을 것이오.

그러므로 지구는 해와 달의 중심은 될 수 있어도 오성의 중심은 될 수 없소. 해는 오성의 중심은 될 수 있겠지만 뭇 별들의 중심은 될 수 없소. 해도 중심이 될 수 없는데 하물며 지구야 말할 게 있겠소."

허자가 말했다.

"지구가 중심이 될 수 없다는 말씀은 잘 들었습니다. 또 감히 여쭙겠습니다. 은하(銀河)란 어떤 세계입니까?"

실옹이 대답했다.

6_ 오성(五星): 목성, 화성, 금성, 수성, 토성의 다섯 별을 말한다.

"은하란 여러 별들의 세계를 묶어서 하나의 세계처럼 말한 것이라오. 은하 세계는 우주 공간을 둥글게 돌며 하나의 큰 고리를 이루고 있다오. 이 고리 가운데에는 많은 별들이 있는데 그 수가 몇 천만이오. 해나 지구 등 우리가 아는 여러 별들은 그중의 하나라오. 은하는 우주 공간에 있는 하나의 큰 세계인 셈이오. 그러나 이것도 지구에서 볼 때 그렇다는 거요. 지구에서 보이는 것 밖으로 은하 세계와 같은 것이 몇 천만억이 되는지 알 수 없소. 내 작은 눈으로 본 것을 가지고 은하가 제일 큰 세계라고 말할 수는 없소.

그리하여 밝은 세계, 어두운 세계, 따뜻한 세계, 추운 세계가 있는 것이오. 밝은 세계에 가까운 것은 빛을 받아 밝고, 따뜻한 세계에 가까운 것은 온기를 받아 따뜻하다오. 밝고 따뜻한 것은 해의 세계이고, 어둡고 추운 것은 지구와 달의 세계라오. 그런데 지구와 달은 어둡고 추운 곳인데도 밝고 따뜻해지는 것은 해와 가까이 있어 그 영향을 받기 때문이오."

(후략)

홍대용은 이 글에서 과학적 증명 방식을 통해 지구지전설(地球地轉說)을 주장했다. 홍대용의 지구설은 둥근 지구 위에 중심이 되는 지역이란 있을 수 없으니 중심 국가·주변 국가의 구분도 있을 수 없다는 주장으로 확장된다. 나아가 지구가 우주의 중심이라는 전통적인 지구 중심주의를 깨뜨렸으며, 우주는 무한하다는 우주무한설을 주장했다. 이러한 논의들은 무한한 우주의 관점에서 한 점 지구를 바라보게 하며, 그 한 점 지구 위에서 우열승패를 가리는 국가·민족·인간의 현실을 보도록 유도하고 있다는 점에서 중요한 의미를 갖는다.

자연과 문명

태초의 자연 상태

허자가 물었다.

"하늘과 지구에 대한 말씀 잘 들었습니다. 다시 부탁드립니다. 먼저, 사람을 비롯해 뭇 생명이 생겨나게 된 사연에 대해 듣고 싶습니다. 그리고 과거의 세상과 오늘날의 세상은 어떻게 변천하고 있는지 듣고 싶습니다. 또 중국과 오랑캐는 어떻게 구분되는지 말씀을 듣고 싶습니다."

실옹이 대답했다.

"지구란 우주 속의 살아 있는 물체라오. 흙은 지구의 피부이자 살이고, 물은 지구의 정기와 피이고, 비와 이슬은 지구의 눈물과 땀이며, 바람과 불은 지구의 넋이자 혈기라오. 그래서 물과 흙은 지구 안에서 빚어지고, 햇볕은 지구 밖에서 쪼이며 원기를 한데 모아 온갖 물체를 길러 낸다오. 풀과 나무는 지구의 털이나 머리카락 같은 것이고, 사람과 짐승은 지구에 붙어사는 벼룩이나 이 같은 존재요.

천지의 기운이 뭉쳐 사람과 만물이 생겨나는 것을 '기화'(氣

化)라고 하오. 남녀가 서로 감응하여 몸을 섞어서 아이를 배고 낳는 것은 '형화'(形化)라고 하오.

상고 시대에는 오로지 '기화'에만 의존했기 때문에, 사람과 만물이 그다지 많지 않았더랬소. 그 시대에는 천성이 깊고 두터웠고, 정신과 지혜가 맑고 밝았으며, 움직임은 순박하고 점잖았다오. 생활은 다른 사물에 의존하지 않았고, 기쁨이나 노여움과 같은 감정이 마음에 싹트지 않았소. 숨을 쉴 뿐, 허기도 갈증도 느끼지 않았소. 하는 일도 없고, 하고 싶은 일도 없이 놀기만 했소. 그래서 새·짐승·물고기·자라가 잡아먹히지 않고 모두 제 마음대로 살았고, 풀·나무·쇠·돌도 사람들의 먹을거리나 건축 재료로 쓰이지 않아 각각 그 존재를 보전했다오. 하늘에는 이상한 재앙이 없었고, 땅에서는 홍수나 가뭄의 피해가 없었소. 그야말로 사람과 만물이 자기 자리를 지키며 조화롭게 살아가는 태평한 세상이었소.

중고 시대로 내려오면서 땅기운이 쇠약해지기 시작하자 사람과 만물의 생성이 점점 순정하지 않고 흐려지게 되었소. 남녀가 만나면 바로 정욕이 생겨서 서로 관계하여 아이를 배게 되었으니, 이때부터 '형화'가 시작되었소. 형화가 시작되자 사람과 만물이 번성하여 불어났소. 반면, 땅의 기운은 더욱 줄어들어 '기화'가 끊어졌소. 기화가 끊어지니, 사람과 만물은 오로지 정기와 혈액만을 받아 출생하게 되었소. 이 때문에 찌꺼기는 점점 불어나고, 맑고 밝은 것은 점점 사라지게 되었소. 이것은 세상의 불행이었고, 재난의 근원이 되었소.

　남녀가 몸을 섞게 되니 정기와 혈액이 소모되었고, 교묘한 꾀를 부리며 마음을 해치게 되니 정신에 울화가 생겼소. 안으로는 굶주림과 갈증 때문에 근심하게 되고, 밖으로는 추위와 더위의 괴로움을 겪게 되었소. 그래서 풀을 씹어 먹고 물을 마셔서 주림과 목마름을 해결하고, 나무 위에 집을 짓거나 굴속에 살며 더위와 추위를 막았소. 이렇게 되자 만물은 각각 제 몸을 위하게 되었고, 이때부터 백성들의 투쟁이 시작되었던 것이오.

　풀을 씹어 먹고 물을 마시는 것에 만족하지 못하자 함부로 사냥하고 물고기를 낚게 되면서 새·짐승·물고기·자라 등이 제대로 살 수 없게 되었소. 나무 위 둥지와 굴이 누추하다고 좋은 집을 짓게 되자 풀·나무·쇠·돌 등이 형체를 보전할 수 없게 되었소. 맛있는 음식으로 입맛을 맞추게 되자 몸의 내장 기관이 모두 약해졌고, 베와 비단으로 몸을 따뜻하게 하자 팔·다리와 몸 마디마디가 느슨해졌소. 동산을 만들고, 정자를 짓고, 못을 파게 되자 땅의 힘이 줄어들었소. 그리하여 세상에 분노와 원망과 저주의 더러운 기운이 올라오게 되니 하늘에서 재앙이 나타났소.

　이제 용맹스럽고 꾀 많고 욕심 많은 사람들이 태어나 마음에 맞는 사람들을 끌어 모아 거느리고 각각 우두머리가 되었소. 그러자 약한 자는 힘들게 일하고, 강한 자는 이득을 얻었소. 우두머리들은 영토를 나누어 차지했는데, 또다시 눈을 부라리며 남의 영토까지 차지하려 들었소. 그래서 군사를 훈련시키고 주먹을 휘두르며 싸움을 벌여 덤벼드니 백성들이 피해를 입기 시작했소. 간교한 자는 재주를 부려 쇠를 녹이거나 나무를 쪼개 살기(殺氣)를 도발하는 흉기를 만들었소. 예리한 칼과 창, 독 묻은 활과 화살로 성과 땅을 빼앗으려 다투느라 엎어진 시체가 들을 메웠소. 사람들의 재앙은 여기서 극에 달했소.

'중국'이라 일컫는 곳은 산을 등지고 바다도 끼고 있어서, 바람이 온화하고 물이 넉넉하다오. 또 해와 달이 맑게 비추고 기후가 알맞으며, 산수의 좋은 기운이 모여 착한 사람들이 많이 배출되었소. 고대의 복희(伏羲)·신농(神農)·황제(黃帝)·요(堯)·순(舜) 같은 임금은 몸소 초가집에서 살며 자신부터 검소함을 실천하여 백성들이 재산을 절약하며 살도록 했소. 또한 그분들은 문화에 힘써서 겸손하게 밝은 덕을 몸소 실천함으로써 백성들에게 떳떳이 지켜야 할 도리를 널리 알리니 가르침이 넘쳐흘러 온 세상이 평화로워졌소. 이것이 중국에서 말하는 성인(聖人)의 공으로 이룩한 이상적인 시대였소.

성인은 시대에 따라 달라지는 풍속에 맞추어 다스리는 것을 중요하게 생각한다오. 성인들은 세상이 평화롭고 순후하기를 원하오. 그러나 시대가 바뀌고 풍속이 변하여 법도가 제대로 실행되지 않는데, 억지로 예전의 법을 지키라고 강요하면 혼란이 더욱 심해질 것이오. 그렇게 되면 성인들의 힘으로도 어쩔 수 없는 지경에 이르는 것이오.

그래서 성인들은 사람들의 정욕을 막을 수 없게 되자 혼인의 예법을 만들었소. 그렇게 하여 남녀가 부부로 짝지어 살도록 하면서 음란하게 사는 것만은 막고자 했소. 집을 짓고 사는 것을 막을 수 없으니 초가집을 짓고 살게 했소. 다만 갈고 다듬지 못하게 하여 화려하게 꾸미고 사는 것만 막았소. 물고기나 고기 먹는 것을 막을 수 없게 되자, 낚시질은 하되 그물질은 못하게 엄히 단속해서 마구 잡는 것만 막았소. 베옷이나 비단옷 입는 것도 막을 수 없게 되었소. 그래서 노인들은 따뜻하게 입도록 하고 젊은이들은 소박하게 입는 방침을 세웠고, 신분이 높은 사람과 낮은 사람이 입는 옷의 기준을 따로 만들어서 의복에 대한 사치만 막았소. 이렇게 하여 성인들은 예악과 제도를 만들어 모자라는 부분을 보충하면서 한 시대를 이끌어 가는 방편으로 삼았소. 그러나 정욕의 뿌리는 뽑히지 않았고, 욕심의 근원은 막을 수 없었소. 그것은 마치 하천의 둑과 같아서 언젠가 터지고 말 것이었소. 성인들도 이미 그럴 줄 알고 있었소."

지배와 국가의 발생

실옹은 계속하여 이야기했다.

"하(夏)나라 우(禹)임금이 왕위를 아들에게 물려주자, 백성들도 자기 집안의 이익만 찾기 시작했소. 탕왕(湯王)[1]과 무왕(武王)[2]이 임금을 내쫓고 죽이자, 백성들도 윗사람을 해치기 시작했소. 그러나 이것은 몇몇 임금의 잘못만이 아니었소. 잘 다스려지다가 혼란과 쇠퇴가 온 것은 시대의 형세가 그러해서였소.

하(夏)나라는 '충실함'을 숭상하고 상(商)나라는 '질박함'을 숭상했지만, 고대의 요임금이나 순임금에 비교하면 사치스런 것이라 할 것이오. 주(周)나라의 제도는 오로지 화려한 것만을 숭상했소. 주나라의 소왕(昭王)[3]과 목왕(穆王)[4] 때부터 임금의 기강이 떨어져 정권은 제후의 손에 달렸고, 군주는 한갓 헛된 이름만 지키며 윗자리에 기생하고 있을 뿐이었소. 주(周)나라의 유왕(幽王)[5]과 여왕(厲王)[6]이 살해되기 전에, 이미 세상에는 주나라가 없어진 지 오래였소.

주나라 때 세워진 영대(靈臺)[7]와 벽옹(辟雍)[8]은 놀기 위해 멋지게 꾸민 것이오. 구정(九鼎)[9]과 천구(天球)[10]는 값비싼 보물이었소. 옥로(玉輅)[11]와 주면(朱冕)[12]은 천자의 수레와 복식을 사치스럽게 만든 것이오. 왕이 거느린 아홉 명의 빈과 왕의

1_ 탕왕(湯王): 하(夏)나라의 폭군 걸왕(桀王)을 제거하고 상(商)나라를 세웠다.
2_ 무왕(武王): 은나라의 폭군 주왕(紂王)를 물리치고 주(周)나라를 세웠다.
3_ 소왕(昭王): 주(周)나라 제4대 임금이다.
4_ 목왕(穆王): 주(周)나라 제5대 임금이다.
5_ 유왕(幽王): 주나라 제12대 임금으로, 애첩 포사에 빠져 정치를 돌보지 않다가 외척에게 주살되었다.
6_ 여왕(厲王): 주나라 제10대 임금으로, 반란이 일어나 왕위에서 쫓겨났다.
7_ 영대(靈臺): 주나라 문왕이 도성 안에 지은 누대이다.

시중을 드는 첩들은 예쁜 여인들을 탐낸 것이오. 주나라 도읍인 낙양(洛陽)과 주나라 무왕의 첫 도읍지인 호경(鎬京)에서는 여러 가지 토목 공사가 벌어졌는데, 후대의 진시황(秦始皇)과 한무제(漢武帝)는 이런 것들을 본받았던 것이오.

또 주나라를 세운 무왕은 상나라 주(紂)왕의 배다른 형인 미자(微子)와 주왕(紂王)의 숙부인 기자(箕子)를 버리고, 주왕의 아들인 무경(武庚)을 왕으로 세워 상나라가 다시 일어나지 못하게 했소.13_ 그러니 주나라의 속뜻을 어찌 숨길 수 있겠소? 성왕(成王)이 즉위하자, 관숙(管叔)과 채숙(蔡叔) 형제가 난을 일으켰소.14_ 주공(周公)은 3년 동안 동쪽 제후국을 정벌했으나 창과 도끼만 부서졌소. 또 그가 여덟 차례나 제후들에게 경고했지만 미련한 백성들은 따르지 않았소.15_ 주나라가 상나라를 대신했어도 천하의 민심을 얻지 못한 것 아니겠소?

그래서 공자가 순(舜)임금의 덕을 찬양할 때는 '성인'(聖人)이라 하였고, 무왕에 대해서는 '천하에 빛난 이름을 떨어뜨리지 않았다'라고 한 게요. 한편 태백(泰伯)16_에게는 '덕이 지극하다'라고 했는데, 무왕에 대해 말할 때는 '다 착하지는 못했다'라고 하였소. 이것을 보면 공자의 마음을 어느 정도 알 수 있소.

주나라 이후 어진 덕으로 백성을 다스리는 '왕도'(王道)가 날로 쇠퇴하고 무력과 술수로 천하를 다스리는 '패도'(覇道)가 횡

8_ 벽옹(辟雍): 주나라 태학(太學)의 별칭이다.
9_ 구정(九鼎): 하나라 우임금이 구주(九州)의 쇠를 거두어 만들었다는 솥이다.
10_ 천구(天球): 천체 측량 기구이다.
11_ 옥로(玉輅): 왕이 타는 수레이다.
12_ 주면(朱冕): 면류관.
13_ 주나라를 세운 무왕은~상나라가 다시 일어나지 못하게 했소.: 주나라 무왕은 상나라의 주왕(紂王)을 토벌한 뒤 상나라에 대한 유화 정책을 폈다. 그런데 현인으로 알려진 주왕의 형 미자(微子)나 주왕의 숙부로서 주왕의 무도함에 대해 간언했던 기자(箕子)같이 훌

행하여, 인(仁)을 가장한 자가 '황제'가 되고, 병력이 강한 자가 '왕'이 되고, 지략을 쓰는 자가 귀하게 되고, 아첨 잘하는 자가 영화롭게 되었소. 임금이 신하를 부릴 때에는 총애와 녹봉으로 꾀고, 신하가 임금을 섬길 때에는 권모술수로 꾀었소. 그래서 잘 알지 못하는 사이라도 뜻이 맞아, 서로 걱정거리를 처리해 주며 아래위가 서로 협력해 사사로운 욕심을 채웠소. 아, 슬프구려! 세상은 모두 이익을 얻고자 서로를 대하고 있소.

비용을 절약하고 세금을 덜어 주는 것이 백성을 위해서가 아니었고, 어진 이를 높이고 유능한 사람을 쓰는 것이 나라를 위해서가 아니었소. 반역자와 죄인을 토벌하는 것은 포악한 짓을 금하기 위해서가 아니었고, 많이 주고 적게 받으며, 먼 곳에서 온 물건을 보배로 여기지 않는 것이 먼 나라를 회유하기 위해서가 아니었소. 오로지 이루어 놓은 것을 지키고 지위를 보전하여 죽을 때까지 영화롭게 지내기 위해서였소. 또 2대 3대까지 끝없이 그 자리를 전하기 위해서였소. 이것이 이른바 '현명한 임금이 할 일'이고 '충성스런 신하의 훌륭한 계책'이라는 것이오.

어떤 사람은 말하기를 '나무와 돌의 재앙은 유소씨(有巢氏)17_에게서 비롯됐고, 새와 짐승들의 재앙은 복희씨(伏羲氏)18_에게서 시작되었으며, 굶주림의 근심은 수인씨(燧人氏)19_로부터 유래했고, 교묘하게 꾸미는 지혜와 화려한 풍습은 창힐

류한 인물 대신 주왕의 아들 무경(武庚)에게 옛 상나라의 수도를 제한적으로 다스리게 했다. 상나라가 다시 일어날 수 없게 한 것이다.

14_ 성왕이 즉위하자~ 난을 일으켰소.: 무왕이 죽은 뒤 그의 아들 성왕이 즉위했으나 너무 나이가 어려 무왕의 아우 주공(周公)이 대신 섭정했다. 그러자 역시 무왕의 아우들인 관숙(管叔)과 채숙(蔡叔)이 주왕의 아들 무경을 받들고 동쪽 제후국들과 반란을 일으켰다.

15_ 주공은~ 따르지 않았소.: 주공이 어린 성왕 대신 섭정하며 상나라 잔여 세력이 일으킨 반란을 평정했던 과정에 대한 이야기이다.

16_ 태백(泰伯): 주나라 문왕의 형으로, 문왕에게 왕위를 양보하고 숨어 살았다.

(蒼頡)20_에게서 비롯되었다'라고 했소. 그러나 선비가 입는 도포의 멋진 모습은 왼쪽으로 옷깃을 여미는 오랑캐들의 옷이 갖는 편리함보다 못하다오. 손을 모으고 읍하는 성의 없는 예절은 무릎을 꿇고 손을 들어 절하는 공손함만 못하다오. 공허한 언어로 문장을 짓는 것은 말을 타고 활을 쏘는 실용적인 일만 못하다오. 따뜻하게 입고 더운 밥 먹어 몸이 약한 것은 천막에서 살고 양젖을 마셔 근육이 단단한 것보다 못하다오. 이것은 어쩌면 너무 지나친 견해일 수도 있겠지만, 중국이 떨치지 못하는 것은 여기서부터 시작된 것이오.

세상이 열리면서 태고의 질박함은 사라졌고, 문치(文治)가 지배하면서 무력(武力)이 시들어 갔소. 처사(處士)들이 함부로 떠들어 대자 주나라의 도(道)는 날로 위축되었소. 진시황이 서적을 불사르면서 한(漢)나라의 왕업은 다소 편해졌소. 그러나 한(漢)나라에서 경전(經典)의 문자와 관련된 분쟁이 일어나자, 외척 왕망(王莽)21_이 신(新)나라를 세워 왕위를 찬탈했소. 동한(東漢) 시대의 정현(鄭玄)22_과 마융(馬融)23_이 경서(經書)를 풀이하자 한나라는 삼국(三國)24_으로 분열됐소. 진(晉)나라에서 청담(淸談)25_을 일삼자 중국은 외적에게 망하고 말았소. 육조(六朝)26_는 강좌(江左)27_에 부속되었고, 오조(五朝)28_는 완읍(宛邑)과 낙양(洛陽)에서 발호했고, 척발(拓拔)29_은 북위(北魏)

17_ 유소씨(有巢氏): 처음으로 집 짓는 법을 가르쳤다고 전해지는 전설상의 인물이다.
18_ 복희씨(伏羲氏): 그물을 제작하여 물고기 잡는 법을 가르쳤다고 전해지는 전설상의 인물이다.
19_ 수인씨(燧人氏): 처음으로 불을 만들어 활용했다고 전해지는 전설상의 인물이다.
20_ 창힐(蒼頡): 상고 시대의 전설적 인물. 새를 관찰하여 문자를 만들었다고 전해진다.
21_ 왕망(王莽): 서한(西漢) 원제(元帝) 황황후의 조카인데 황후의 아들 성제(成帝)가 즉위하자 정치의 실권을 잡았고 나중에는 태자를 폐한 뒤 자신이 천자의 자리에 올라 국호를 '신'(新)이라고 했다.

를 세웠고, 서량(西涼)30_은 당나라에 통합되었소. 요(遼)나라와 금(金)나라는 서로 주인 자리를 차지하다가 몽골에 병합되고, 명나라가 왕통을 잃으니 천하의 변발을 하게 되었소. 그리하여 중화 민족인 한족(漢族) 세력은 떨치지 못하고 오랑캐가 날로 성하게 되었소. 이것은 바로 사람들이 자초한 일이고, 하늘이 내린 필연적인 시대의 형세인 게요."

22_ 정현(鄭玄, 127~200): 동한(東漢) 말기의 학자로, 경학(經學)과 경서 주석(註釋)의 대가이다.
23_ 마융(馬融, ?~166): 동한 시대 주소학(注疏學)의 대가이다.
24_ 삼국(三國): 위·오·촉의 세 나라를 말한다.
25_ 청담(淸談): 서진(西晉) 시대에 성행한 철학적 담론이다. 서진 시대에는 유교적인 이상에 대해 회의하는 무정부주의적 노장 사상이 철학적 유행이 되어, 현실정치에 대한 혐오감을 드러내면서 '청담'이라는 공소한 대화로 시대를 냉소했다. 죽림칠현이 그 대표적인 인물들이다.

26_ 육조(六朝): 춘추 전국 시대의 제·초·연·한·위·조의 여섯 나라를 말한다.
27_ 강좌(江左): 양자강 하류의 동남쪽인 강소성 지역을 말한다.
28_ 오조(五朝): 중국 북쪽에 살고 있던 흉노·선비·갈·저·강오의 다섯 종족이 세운 나라이다.
29_ 척발(拓拔): 선비족으로 북위(北魏)의 시조가 된다.
30_ 서량(西涼): 오호십육국(五胡十六國)의 하나로, 400년에 돈황에 도읍을 정했으며 421년 북량(北涼)에게 멸망당했다.

이 글은 태초에 지구 생명이 발생한 과정과 인류 문명의 전개라는 장대한 내용을 생태주의적 관점에서 서술한 것이다. 그리고 중국이라는 땅에서 벌어진 긴 성쇠의 역사를 서술하면서, 그 말미에 중국의 주변 민족이던 만주족이 청나라를 세우고 중국을 지배하게 된 것이 형세상 필연적임을 설명했다. 거기서 드러나는 홍대용의 생각은 기존의 유학적 관점에서 상당히 벗어나 있으며, 대단히 비판적이고 반지배적이다. 이 점에서 홍대용의 생각은 대단히 위험하고 불온해 보인다. 한편, 이 대목의 서술은 다음 대목에서 화이론을 이론적으로 깨부수며, 모든 민족이 평등하다는 것을 말하기 위해 준비되었다.

모든 민족은 평등하다

허자가 물었다.

"공자가 『춘추』(春秋)를 지어 중국을 안으로 삼고 중국 주변의 오랑캐를 밖으로 규정했습니다. 이렇게 중국과 오랑캐의 구별이 엄격한데, 지금 선생께서는 '사람들이 자초한 일이고, 하늘이 내린 필연적 시대의 형세'로 돌리시니 잘못이 아닙니까?"

실옹이 대답했다.

"하늘이 내고 땅이 기르니, 모든 혈기를 가진 사람은 다 같은 사람이오. 무리 속에서 뛰어나 한 지방을 맡아 다스리는 사람은 모두 같은 임금이오. 문을 겹겹이 세우고 성 주위에 못을 파 국경을 엄하게 지키는 것은 모든 나라가 다 같소. 상나라와 주나라의 갓이나, 몸과 이마에 새기는 오랑캐들의 문신이나 모두 같은 풍속이오. 그러므로 각각 자기 나라 사람을 친근하게 여기고, 자기 임금을 높이고, 자기 나라를 지키고, 자기들 풍속을 편안해 하는바, 이것은 중국이나 오랑캐나 똑같소.

세상이 변하면서 사람과 만물이 많아지고, 사람과 만물이 많아지면서 물아(物我)의 구분이 생겼고, 물아의 구분이 생기면서 안과 밖의 구분이 생기게 되었소. 오장 육부와 팔다리는 한 몸에서의 안과 밖이고, 내 몸과 처자식은 한 집안에서의 안과 밖이고, 형제와 일가친척은 한 가문에서의 안과 밖이고, 마을과 국경은 한 나라에서의 안과 밖이고, 중국과 오랑캐는 세상에서의 안과 밖이오.

제 것이 아닌데 갖는 것을 '도'(盜)라 하고, 죄가 없는데 죽이는 것을 '적'(賊)이라 하오. 오랑캐가 중국을 침략하는 것을 '구'(寇)라 하고, 중국이 무력을 써서 오랑캐를 치는 것을 '적'(賊)이라 하오. '구'든 '적'이든 모두 똑같은 것이오.

공자는 주나라 사람이오. 주나라 왕실이 날로 낮아지고 제후들이 쇠약해지자 남쪽의 오(吳)나라와 초(楚)나라가 중국을 어지럽히며 끊임없이 도적질했소. 『춘추』란 주나라 역사책이므로 안과 밖을 그런 식으로 엄격히 구분한 건 당연하지 않겠소?

그렇지만 만일 공자가 바다에 배를 띄워 동쪽 오랑캐의 땅으로 들어와 살았다면, 중국의 문화로 오랑캐를 변화시키고 주나라의 도(道)를 중국 밖에서 일으켰을 게요. 그랬다면 분명 중국이 아니라 중국 밖의 동이(東夷)를 '안'으로 삼아 『춘추』를 썼을 것이오. '역외춘추'(域外春秋) 말이오. 공자가 성인인 것은 이 때문이오."

이 글은 앞서 펼쳤던 자연과 인간, 우주와 지구에 대한 논의에 이어 민족 간의 평등한 관계에 대한 모색으로 끝을 맺고 있다. 즉 중국과 주변 민족을 구분하는 중국 중심의 역사관인 '화이론'(華夷論)을 전면적으로 부정한 것이다. 한편 이는 만주족이 세운 청나라를 오랑캐의 나라로 치부하여 조선만이 중화 문화의 계승자라는 왜곡된 중화주의인 '소중화주의'(小中華主意)에 빠져 있던 조선 유학자들에 대한 심중한 비판이기도 하다.

해설

21세기에 읽는 홍대용

1

담헌 홍대용(湛軒洪大容, 1731~1783)은 18세기 동아시아 사상계를 빛낸 뛰어난 혜안(慧眼)을 보여 준 학자이다. 그는 인문학자이자 자연과학자로서 성리학·천문학·수학·음악·정치·경제 등 다양한 분야에서 높은 전문성을 가졌고, 그러한 다양한 학문적 관심이 바탕이 되어 사회와 역사와 세계와 우주를 총괄하는 새로운 사상을 기획하였다.

2

엄격한 학문의 기초

홍대용은 10여 세부터 경전이나 외우는 일반 유학자가 될 생각이 없었다고 한다. 당시 일반 선비들은 경전 공부를 기초로 하는 과거 시험에 합격해 높은 벼슬에 오르는 것을 목표로 했지만 홍대용은 어려서부터 남다른 뜻을 두었던 것이다. 이러한 뜻은 영조 연간에 일어난 혼란한 당쟁으로 조부를 비롯하여 집안 어른들이 부침을 거듭하는 것을 보면서 성장했기 때문이기도 할 것이다.

 그리하여 홍대용은 12세 때부터 충청도 수촌(壽村)의 집을 떠나 경기도 남양주에 있는 석실서원(石室書院)으로 들어가 학문의 기초를 닦았다. 석실서원은 학문과 자기를 연마하는 데 엄격한 규칙을 가진 배움터로서, 그곳에서 지향하는 학문의 방향은 당대의 다른 서원들과는 차별되는 점이 있었다. 무엇보다 석실서원의 학풍은 엄정한 선비로서의 품성을 연마하는 것을 강조했다. 그리고 당시 석실서원의 원장은 명망 높은 도학자 김원행(金元行, 1702~1772)으로, 그는 세속의 공허한 학문을 비판하고 실용적 학술을 강조했다. 석실서원과 스승 김원행은 홍대용에게 과거 시험 공부나 공허한 이론만 떠들어 대는 학문이 아닌 깊이 있는 학문 연구와 실제·실용·실천을 강조하는 실학적 학문의 길로 나아갈 수 있는 길을 열어 주었다. 또한 석실서원은 일반적인 선비들의 교육 과정에서 도외시하는 자연과학에 개방적이었다. 이렇게 홍대용은 십대와 이십대 초반까지 석실서원에서 보내며, 참된 학문의 길을 모색하였고 자연과학적 소양을 계발하면서 자신의 연구에 대해 격려를 받을 수 있었다.

홍대용은 이십대에 석실서원을 나와 서울에서 기거했는데, 간간이 석실서원을 오가며 경전을 강의하기도 했다. 이때 홍대용은 폭넓게 독서하면서 자신만의 학문관을 이루게 된다. 조선의 국가 이데올로기인 성리학은 조선 후기로 오면서 점차 절대화되고 교조화되었다. 조선 후기의 유학은 현실 문제를 해결하고 발전적인 대안을 모색해야 함에도 불구하고 유연함을 결여한 채 공허한 이념만 되풀이하게 된 것이다. 홍대용은 이러한 당대의 성리학 학풍에 의문을 가지고 유학에 대해 반성하면서 비판적 태도로 연구했다.

실제 필요한 학문

홍대용은 젊은 시절에 유학뿐 아니라 자연과학 연구에 심취하여 밤을 새우며 계산에 몰두하는 날이 많았다고 한다. 그의 자연과학에 대한 관심과 조예는 석실서원의 영향도 있었고 그의 집안 분위기도 일정한 영향이 있었다. 그의 집안에는 천문과 지리 및 기후 관측 등의 업무를 담당하는 관상감(觀象監)의 벼슬을 한 인척들이 많았기 때문이다. 그리고 홍대용의 천문학에 대한 관심은 호남에 은거한 과학자 나경적(羅景績)을 만나 천문 기구 '혼천의'(渾天儀)를 제작하여 그 구체적인 결실을 이루게 되었다.

이 혼천의는 서양의 기계 제도를 응용한 새로운 창안으로 3년간 수정하고 보완하여 당시 개인에 의해 제작된 천문 기구로서는 독보적인 것이었다. 완성된 혼천의는 수촌 집의 '농수각'(籠水閣)에 보관했다. 현재는 혼천의 일부만이 남아 전하고 있을 뿐이다. 그런데 이 혼천의는 홍대용에게 과학적 성과물이기도 하지만 우주와 지구와 인간을 비롯한 만물의 근원에 대해 생각하게 하는 기기이기도 했을 것이다. 혼천의를 통해 우주의 관점에서 지구를 조망하고 지구라는 작은 공간에서 벌어지는 생명의 역사와 인류 문명의 전개에 대해 사색하며 그의 독창적인 사상은 무르익어 갔을 것이다. 홍대용의 혼천의 제작 의의는 사실상 여기에 있는 것이 아닐까 한다.

그리고 홍대용은 땅은 둥글며 스스로 돈다는 지구지전설(地球地轉說)을 주장했다. 당시 조선이나 동아시아에서는 파천황의 주장이라고 할 수 있다. 그렇지만 지구가 둥글다는 것은 전대의 학자인 이익(李瀷)이나 김만중(金萬重)도 조금씩 말한 바 있으며, 김석문(金錫文)이라는 과학자는 이미 지구지전설을 주장했었다. 이들은 모두 17세기에 서양 선교사들이 소개한 서양 과학서들의 영향을 받은 것이다. 홍대용도 마찬가지다. 다만 홍대용의 경우에는 지구의 형태와 운동뿐만 아니라 지구 생명론과 우주무한론(宇宙無限論)과 같은 보다 독창적이고 한 차원 높은 사상으로 확장되었기 때문에 그 의미가 남다르다고 할 수 있다. 그의 지구론·우주론은 만년의 저작인 『의산문답』(毉山問答)에서 결정(結晶)을 보여 준다.

자연과학을 하는 데 반드시 필요한 기초 학문이 수학이다. 수학은 천문 계산뿐 아니라 경제와 실용을 위해 필수적인 기초 학문이다. 이러한 필요성을 느낀 홍대용은 기초 수학 교과서라고 할 수 있는 『주해수용』(籌解需用)을 저술하기도 했다.

사실상 홍대용이 집중했던 학문은 천문학, 과학 기술, 수학뿐만이 아니었다. 경제학을 비롯하여 군사와 병법에도 조예가 깊었다. 이러한 학문은 명물도수(名物度數)의 학문이라고 불리며 유학 일변도의 당시 사회에서는 말학(末學)으로 취급받아 중인 계급이나 담당했던 것이었다. 그러나 홍대용은 형이상학적인 논의만 되풀이하고 현실에 맞지 않는 옛 제도나 상고하는 당시 유학의 현실에 대해 회의하며 현실에 실제 적용되고 필요한 학문을 해야 한다고 생각했다.

중국 여행

홍대용은 숙부 홍억(洪檍, 1722~1809)이 중국 사행(使行)의 서장관이 되자 그의 수행원 자격으로 중국에 가게 되었다. 34세인 1765년 11월에 서울을 떠나 중국을 여행하고 1766년 4월 말에 다시 서울로 돌아오는 6개월간의 긴 여정이었다. 홍대용의 삶에서 이 여행은 대단히 의미 있는 사건이었다.

당시 중국은 명나라가 망하고 청나라가 지배한 지 100년이 넘었고, 청나라는 주변 민족을 아우르며 정치적으로 사회적으로 안정되어 경제와 문화도 번성하고 있었다. 그러나 조선에서는 여전히 명나라에 대한 의리나 청나라에 대한 복수와 같은 비현실적인 명분론에 빠져 있었고, 중국은 오랑캐 민족의 지배를 받고 있으니 한족의 문화를 계승하고 있는 조선이야말로 진정한 중화라는 '소중화'(小中華)의 환상을 가지고 청나라를 멸시하였다. 그러나 홍대용은 여행을 통해 이러한 편견과 환상을 버리고 중국의 실제에 접근하고자 했다. 그리고 앞서 가는 청나라 문물을 견학하며 다양한 정보를 얻고 조선에서 필요로 하는 이용후생(利用厚生)의 방략을 모색하고자 했다.

무엇보다 의미가 깊었던 일은 중국 선비들과의 교유였다. 홍대용은 북경에서 과거 시험을 치르기 위해 올라온 항주 지방의 선비들과 만나 다양한 주제에 걸쳐 깊이 있게 토론하고 편지를 주고받으며 아름다운 우정을 쌓게 되었다. 홍대용은 귀국한 뒤에도 중국의 벗들과 계속 편지를 주고받았다. 학문에 대해 개방적인 중국 선비들과의 교류는 홍대용 사상의 전개 과정에서 매우 중요한 계기가 되었다. 홍대용은 이러한 경험을 통해 주자학만을 정통으로 여기고 다른 학문을 이단으로 배격하는 조선의 편협한 학문 풍토에 대해 본격적으로 반성하게 되면서 넓고 다양한 세상을 열린 태도로 수용하는 자세를 갖추기 시작했다.

귀국 후 홍대용은 북경에서 중국인 벗들과 나눈 필담을 모아 책으로 엮었으니 이것이 『간정동 필담』(乾淨衕筆談)이다. 한편 귀국 후에 중국인 벗들에게 보낸 편지는 따로 모아 『항전척독』(杭傳尺牘)이라는 책으로 묶었다.

홍대용은 천문학에 조예가 깊었던 만큼 북경 여행에서 기대했던 일 중 하나가 청나라의 천문 시설을 관람하는 일이었다. 당시 청나라는 서양의 과학과 기술을 앞세워 포교하고자 했던 서양 선교사들을 받아들였고, 그들에게 천문에 관련한 관직을 겸하게 했다. 홍대용은 서양 선교사들과 만나 담화를 나누고 천주당을 구경하며 몇 가지 서양의 작은 기계들을 구경했고, 출입이 금지된 관상대에도 들어가 이전의 서양 선교사들이 만든 천문 기기들을 잠깐 둘러보기도 했다. 홍대용은 서양의 과학이 수학을 기초로 하여 기계를 제작하고 이용하는 데 정밀하기 그지없음에 감탄했다. 그러나 서양인들과 깊이 있는 대화가 이루어지지 못했고, 천문 기기들을 두루 찬찬히 관람할 수도 없어 크게 의미 있는 성과는 거두지 못했다. 오히려 그의 천문학적 식견에 저들이 놀라워할 정도였다.

그 외에도 홍대용은 중국에서 다양한 인물들과 만났고 중요한 관광 명소와 특이한 볼거리들을 찾아다녔다. 거기서 중화 문명이라고 하는 중국의 과거를 보았고, 중국 주변 민족이었던 만주족이 통치하는 청나라의 번성한 현재를 보았다. 홍대용의 역사 인식과 시대 인식은 이렇게 하여 선입견을 버리고 더욱 객관화되어 갔다. 또 의미 있는 사건이나 사물에 대해 자세히 관찰했는데, 조선이 배워야 할 만한 것들이었고 조선의 실제에 유용하게 접목할 만한 것들이었다.

홍대용은 이러한 경험과 견문을 상이한 형식의 두 가지 저서로 남겼다. 하나는 일기체로 엮고 한글로 기록한 『을병연행록』(乙丙燕行錄)이고, 또 하나는 주제별로 엮어서 구성한 한문본 『연기』(燕記)이다. 한글본 일기체의 『을병연행록』은 홍대용의 어머니와 집안의 부녀자들을 위해 엮은 것으로, 흥미로운 일화가 보다 풍부하게 실려 있다. 또 조선 시대 대부분의 기록이 남성을 대상으로 한 한문 기록인 데 비해 여성 독자를 대상으로 한

한글 기록을 남긴 것은 의미가 크다.

　이 여행기들은 앞서 중국의 벗들과 나눈 필담 및 편지를 엮은 『간정동 필담』과 더불어 당시 홍대용 주변의 많은 지식인들이 돌려 보았고 대단한 격찬을 받았다. 특히 청나라의 발전된 문물과 문화를 적극적으로 배우고 수용해야 한다는 북학적 실학의 선구적인 입장은 연암 박지원을 비롯한 주변의 문인·학자들에게 지대한 영향을 끼쳤다.

여행 이후, 공관병수(公觀倂受)의 학문으로

　홍대용의 중국 여행은 당시 보수적인 지식층 일각으로부터 그가 청나라 사람과 교유하고 청나라의 발전상과 그 문물의 배울 점을 소개했다고 하여 격렬한 비난을 받기도 했다. 그러나 홍대용은 당시 통념을 뛰어넘는 대담한 논리로 그러한 비난에 대응하면서 자신의 사상을 새롭게 구성해 나가게 된다. 한편 홍대용은 중국 여행 이후 부친상을 당했고, 자신도 큰 병을 앓으며 힘든 시기를 보냈다. 이 기간에 홍대용은 사상적으로 많은 고민을 하며 변화하게 된다. 이 시기의 사상적 변화는 홍대용의 생각을 비판한 김종후와 주고받은 편지, 중국의 벗들에게 보낸 편지에서 잘 드러난다.

다음은 사촌 홍대응(洪大應)이 전한 홍대용의 말이다.

우리나라는 조선 중엽 이후로 편견에 빠진 논의들이 속출하여 시비가 공정하지 못하고 역사는 더욱 볼 만한 것이 없다. 유학의 일을 가지고 말하더라도 중국에서는 주자를 반대하고 육상산과 왕양명의 학문을 존숭하는 이들도 많다. 그들은 그들대로 모두 인정을 받고 있으며, 유학에 위배되는 학술을 한다고 죄를 받았다는 말은 듣지 못했다. 대개 그들은 범위가 넓고 크기 때문에 공평하게 보고 두루 다 받아들이니〔公觀併受〕, 우리나라처럼 어느 한쪽에 얽매이는 그런 편견이 없다.

조선은 주자학 이외의 모든 사상과 학문을 이단시했다. 불가, 노장 사상, 제자백가의 학설, 육상산의 학설과 양명학, 서학 등이 그것이다. 그러나 홍대용이 만나 본 중국의 선비들은 양명학을 연구하고 불가 사상에도 심취해 있었으며 다양한 학문에 대해 개방적이었다. 홍대용은 성리학을 연구한 학자였지만 그렇다고 교조적인 입장을 가지고 있지는 않았는데, 중국 선비들과의 토론에서는 성리학을 기본 사상으로 내세우며 중국 선비들을 제압하고자 했다. 그러나 귀국한 이후 홍대용은 시간이 흐르면서 자신의 태도에 대해 반성하고 학문의 태도를 전면적으로 바꾸기에 이른다. 모든 학문과 사상은 각기 발생하게 된 시대적 배경이 있는바, 모두 시대를 근심하고 세상을 걱정하는 것이었으니 결국 모든 학문과 사상은 마음을 맑게 하여 세상을 구제하기 위한 것이라는 큰 목적이 같으므로 한 가지 사상만으로 통일될 필요가 없다며 사상의 다양성을 인정하였다.

홍대용의 새로운 시대적 비전과 새로운 학문의 모색은 이렇게 모든 것을 '공평무사한 눈으로 보아 다른 사상의 장점을 두루 받아들인다'는 '공관병수'(公觀倂受)의 자세에서 나올 수 있었다.

북학파 실학의 선구

홍대용은 부친의 삼년상을 마친 뒤 서울로 거처를 옮겼다. 홍대용은 중국 여행 이후 부친상을 당하고 자신도 병마에 시달리다가 사십대를 맞이하게 되었다. 이미 과거를 보아 출세하겠다는 생각은 포기했고, 선대로부터 물려받은 전답에 의지해 조용히 학문 연구에만 뜻을 붙였다.

그리고 이즈음 박지원(朴趾源)을 비롯하여 젊은 지식인들과 자주 어울렸다. 당대에 괴짜 과학자로 알려진 정철조(鄭喆祚),

훗날 정조 임금의 측근이 된 이서구(李書九)가 수시로 함께 참여했다. 또한 중인의 신분이지만 뛰어난 재능을 가지고 있어 뒷날 규장각의 검서관이 되었던 유득공(柳得恭), 박제가(朴齊家), 이덕무(李德懋)도 홍대용과 박지원을 중심으로 모였다.

이들의 관심사는 백과전서적이라 할 만한 것으로서 지식인의 자세에서부터 역사, 경제, 국방, 천문학, 지리, 음악, 수학, 예술 등 다양한 분야에 걸쳐 함께 연구하고 토론하였다. 이러한 모임이 오늘날 조선 후기 실학에서 북학파라고 지칭되는 그룹이다. 여기서 홍대용은 학문의 깊이와 폭넓은 학문적 관심, 그리고 꼿꼿한 인품으로 후배 실학자들에게 영향을 끼친 스승이자 선배였다. 특히 홍대용의 중국 견문과 그의 새로운 사상적 모색은 후배 실학자들에게 신선한 충격이었고, 북학파 실학을 싹트게 한 결정적 계기가 되었다. 이후 박지원, 박제가, 유득공, 이덕무 등과 같은 실학자들은 줄줄이 중국을 여행하며 『북학의』(北學議), 『열하일기』(熱河日記) 등과 같은 실학적 저서를 남기며 홍대용이 개척한 길을 충실히 확장시켰다.

의산문답

확실한 저작 연대는 알 수 없지만 홍대용은 사십대 이후에 그의 사상의 결정판이라고 할 수 있는 『의산문답』(毉山問答)을 저술하였을 것으로 보인다. 이 저작은 당시 조선 유학에 대한 총체적인 반성과 함께 홍대용 평생의 연구 성과들을 종합한 사상서라고 할 수 있다.

『의산문답』은 중국의 동북 변방에 자리한 의무려산에서 실옹과 허자라는 가상의 인물이 나누는 문답 형식으로 이루어져 있다. 허자라는 인물은 30년간 유학을 연구하여 자신의 학문에 대해 자부심을 가지고 있는 조선의 학자로 설정되어 있다. 홍대용은 허자를 통해 당시 교조화되고 경직되어 변화하는 사회에 능동적이고 유연하게 대처하기 힘들어진 조선 유학이 가진 허구성을 상징적으로 보이고자 한 것이다. 그리고 허구화된 조선 후기 유학을 해체하기 위해 객관적이고 상대주의적 세계관을 가진 실옹이라는 인물을 설정하였다.

홍대용은 먼저 '천지 만물 중에 사람이 귀하다'는 유학의 입장을 부정하면서 '하늘의 입장에서 보면 사람과 만물은 모두 균등하다'는 상대주의적 관점으로 인간중심주의를 부정했다. 또 하늘은 둥글고 땅은 네모나다는 전통적 우주관에 대해 지구지전설을 주장하고 더 나아가 무한우주론까지 펼치며 지구 중심주의를 부정했다. 모든 논의가 당시 조선의 일반 통념으로는 생각할 수 없었던 주장이었다. 이러한 자연과 인간, 우주와 지구에 대한 새로운 주장은 객관적이고 과학적인 증명 방식으로 논의가 전개된다. 이어서 지구 생명의 역사에서부터 인간 문명의 역사까지 방대한 역사적 시간들을 정리했는데, 앞서의 논의들이 홍대용 당 시대에 대한 반성으로 수렴되도록 구성한 것이다. 결론 부분에서는 중국의 한족 중심의 세계관인 전통적 화이론(華夷論)을 부정한다. 이 부분은 조선 내부에 자리 잡은 왜곡된 소중화주의를 부정하는 것이면서 각 나라와 각 민족 간의 상호 대등한 새로운 국제 질서의 수립이라는 메시지를 담고 있다.

『의산문답』에서 과학적 증명 방식으로 전개된 논의 중에는 오늘날의 과학 수준으로 보았을 때 오류도 있고, 지구지전설에 대한 주장도 이전에 김석문이라는 학자가 주장한 바 있어 홍대용이 최초 주장한 사람으로서의 의의를 갖는 것도 아니다. 그러나 홍대용의 우주론과 지구론은 당시 수용된 서양의 학설이나 김석문의 학설과는 차별되는 개성적인 주장이기에 그 의미를 간과할 수 없다. 우리가 주목할 것은 홍대용의 자연과학과 천문학에 대한 연구가 역사와 사회를 보는 새로운 관점으로 확장되었다는 점이다. 인간에 대한 연구에 집착되었던 기존의 유학과는 달리 자연과학은 자연과 지구와 우주의 시선으로 세상을 보는 객관적이고 상대적인 관점을 갖게 했다.

이렇게 『의산문답』은 성리학, 천문학, 지구과학, 생물사, 인류 역사 등등 다양한 분야에 걸친 홍대용의 연구가 통합학문적으로 총합된 결과이다. 홍대용은 전면적인 사상적 전환을 꾀하면서 인간과 자연과 지구와 우주와 그 역사라는 거대한 시공간을 아우르며 당시의 조선유학자들이 가지고 있는 통념을 해체하고, 동아시아 질서에 대한 새로운 비전을 제시하기에 이른 것이다.

벼슬길로

홍대용은 엄정한 학자적 태도와 명리(名利)에 초연한 모습, 그리고 높은 식견으로 당대에도 일정한 평가를 받았다. 그래서 그를 벼슬에 추천하는 사람들도 있었다. 홍대용은 이미 과거를 포기했지만 44세 때인 1774년부터 음직(蔭職)으로 벼슬길이 열렸다. 먼저 선공감 감역, 돈령부 참봉 등의 벼슬이 내려졌지만 사양하고 받지 않았다.

그리고 그해 12월 왕세자의 호위를 담당하는 세자익위사(世

子翊衛司) 시직(侍直)이라는 벼슬을 제수받게 되어 뒷날 정조 임금이 되는 왕세손을 17개월 동안 모셨다. 홍대용은 왕세손의 경연에 참여하여 유학의 경전과 역사와 사회에 대한 왕세손의 질문에 응답하였는데, 이러한 내용을 일기 형식으로 기록한 것이 『계방일기』(桂坊日記)이다. 『계방일기』를 통해 학자군주이자 문화군주로 평가받는 정조의 왕세손 시절의 학습 현장을 엿볼 수 있다. 그리고 홍대용의 학문에 대한 소견, 제도 개혁에 대한 의견, 중국 여행의 경험 등을 차분하게 설명하는 현장을 확인할 수 있다.

    이후 1776년, 왕세손이었던 정조가 즉위하자 홍대용은 사헌부 감찰이 되었다. 그러나 홍대용은 이전부터 중앙의 관리보다는 지방관으로 나가 실학자로서의 포부를 작은 고을에서 실현해 보고 싶어 했었다. 그의 뜻대로 47세에 태인현감(泰仁縣監)이 되었고, 50세인 1780년에는 부친이 군수로 있었던 영천(榮川)의 군수로 승진되었다. 그러나 그가 평소 생각해 온 구상을 실현하기에는 현실적으로 어려움이 많았다. 지방 상부 관청과 지방 토호들이 방해하는 일이 많아 뜻을 펴 볼 수 없었기 때문이다. 그래서 개혁의 모범이 될 만한 고을을 만들어 보고 싶었던 그의 큰 뜻은 실현되지 못하고 청렴하고 공평한 관리로서의 소임만을 다했을 뿐이었다.

작은 고을이란 결국 국가 체제와 맞물린 하부 단위이므로 작은 단위의 모순은 곧바로 국가 경영 원칙의 모순과 연결되게 마련이다. 작은 고을의 문제를 개선하기 위해서는 국가 체제의 전체적인 개혁이 이루어져야 하는 것이었다. 그래서 홍대용은 자신의 경험과 생각을 담은 새로운 방식의 국가 경영론을 기획하여 『임하경륜』(林下經綸)이라는 글로 남겼다. 『임하경륜』은 홍대용의 국가 경영에 대한 구상과 그 실현을 위한 구체적 방안을 서술한 국가 경영론으로서, 실사구시(實事求是)와 이용후생(利用厚生)을 강조하는 실학자 홍대용의 면모를 잘 엿볼 수 있다. 특히 모든 백성에게 공평한 교육의 기회를 제공하고, 무위도식하는 계층이 없도록 모든 국민이 생산에 참여하는 구조를 만들어야 하며, 기존의 신분 제도를 벗어나 능력에 따른 관리 임용이 이루어져야 한다는 등 조선의 사회 구조와 신분 구조에 대한 전면적인 개혁을 주장했다.

한편 홍대용은 53세에 모친의 병을 핑계로 영천군수 직에서 물러나 고향으로 돌아왔다. 9년간의 벼슬살이를 끝내고 조용히 노년을 보내며 저술을 하고자 해서였다. 그러나 그 해 가을 갑자기 발병하여 세상을 떠났다.

3

 이 책은 홍대용의 저작집 『담헌서』(湛軒書)에 있는 글들을 뽑아 몇 가지 주요한 주제별로 장을 나누어 엮었다.
 1부 「진정한 선비」는 진정한 선비에 대한 홍대용의 생각이 담긴 글들을 모았다. 먼저 삶의 태도, 생활의 방식, 공부하는 자세, 독서하는 방법에 대한 글들을 통해 홍대용의 엄정한 선비로서의 삶과 자세를 확인할 수 있다. 또 세속에 영합하지 않고 학문에 대한 열정으로 살았던 스승의 삶을 회고하는 글은 홍대용을 비추는 거울이기도 하다.
 2부 「왕세손과의 대화」는 세자익위사의 시직으로 근무하면서 이후 정조가 될 왕세손과 나눈 문답을 기록한 『계방일기』에서 발췌한 글이다. 학자군주이자 문예군주라고 평가되는 정조가 등극하기 몇 해 전의 일이었다.
 3부 「'나'와 동아시아에 대한 새로운 성찰」은 홍대용의 평등주의에 입각한 세계관을 잘 보여 주는 글들을 모았다. 홍대용은 묵은 중국 중심주의를 깨뜨리고 우리 민족의 주체성을 인식하였고, 나아가 다른 민족의 주체성 또한 인정하는 평등한 세계에 대한 인식을 보여 주었다. 세계를 평등의 관점에서 이해했다는 것은 18세기 동아시아 사상사에서 대단히 획기적이고 선진적인 견해다.

　4부「실학의 모색」은 시대가 필요로 하는 학문은 제쳐 두고 학문의 지엽 말단에 심력을 기울이는 당시 유학자들을 비판하면서 자신의 실학적 학문의 지향과 실천을 보여 주는 글들을 모았다.

　5부「중국 벗들과의 교류」는 중국 여행 중에 만난 항주 선비들과의 우정, 그들과 나눈 필담, 그들과 주고받은 편지를 중심으로 엮었다.

　6부「중국 견문기」는 중국 여행기인『연기』에 실린 중국에서 만난 사람들, 새로운 체험, 다채로운 볼거리들을 비롯하여 중국의 제도 등 다양한 견문을 기록한 것 중에서 몇 가지를 뽑았다. 이러한 기록들은 이후 북학파 실학자들이 이어 가는 중국 견문기에 많은 영향을 주었다.

　7부「허자, 의무려산에서 실옹을 만나다」는『의산문답』의 주요한 주제들을 중심으로 뽑았다.

　홍대용은 학문에 대한 진지한 열정, 다방면에 걸친 학문의 폭, 모든 분야마다 보여 주는 깊이 있는 분석과 이해, 그리고 여러 분야를 통합하여 기존의 인식을 넘어서는 높은 통찰력을 보여 준 18세기 지식인이다. 18세기 동아시아 사상사에서도 그의 존재는 우뚝하게 빛난다. 그러나 18세기라는 역사 속에서만 반짝이는 보석은 아니다. 그의 혜안은 21세기의 세계가 직면한 생태계 파괴와 민족·인종을 포함한 불평등한 세계화, 끊이지 않는 세계의 분쟁과 불화에도 커다란 시사를 주기 때문이다.

　이 책은 홍대용의 사상과 학문에 접근하기 위한 작은 디딤돌이 되고자 방대한 『담헌서』의 핵심만을 추려 엮은 것이다. 그러다 보니 『담헌서』의 풍부한 내용을 좀더 많이 소개하지 못한 점이 아쉽다. 『담헌서』는 오래 전 민족문화추진회에서 완역하여 네 책으로 간행한 바 있다. 혹 홍대용의 다른 글들을 보고자 하는 분들은 이 책을 읽기 바란다. 또 홍대용의 전기에 대해서는 김태준 교수가 쓴 『홍대용 평전』(민음사, 1987)을, 홍대용 사상의 생태주의적 면모와 그 동아시아 사상사적 의의에 대해서는 박희병 교수의 『한국의 생태사상』(돌베개, 1999)을 참조했으면 한다.

홍대용 연보

작품 원제

찾아보기

홍대용 연보

1731년(영조 7), 1세 — 음력 3월 초하루 충청도 천원군 수산면 장산리 수촌에서 홍역(洪櫟)의 맏아들로 태어나다. 본관은 남양(南陽)이며, 자는 덕보(德保), 호는 담헌(湛軒)이다.

1742년(영조 18), 12세 — 남양주의 석실서원(石室書院)에 들어가 미호(渼湖) 김원행(金元行)의 문하에서 공부하기 시작하다.

1754년(영조 30), 24세 — 석실서원에는 가끔씩 나갔고, 회강 때 강의하다.

1759년(영조 35), 29세 — 나주 목사(羅州牧使)인 부친을 찾아가 나주 아문에 머물다. 이때 화순에 은거한 호남의 실학자 나경적(羅景績)을 찾아가 그의 인격과 과학 기술에 감명을 받고 그와 함께 새로운 기술 방식의 혼천의(渾天儀)와 자명종(自鳴鐘) 등의 기계를 제작하다.

1762년(영조 38), 32세 — 혼천의와 자명종을 완성하다. 고향집에 '농수각'(籠水閣)을 짓고 그곳에 혼천의와 자명종을 설치하다. 나경적이 사망하자 제문을 짓다.

1765년(영조 41), 35세 — 작은아버지 홍억(洪檍)이 중국 사행의 서장관(書狀官)으로 가게 되자 수행 군관의 자격으로 북경을 여행하게 되다. 12월 27일 북경에 도착하다.

1766년(영조 42), 36세 — 북경에서 항주(杭州)에서 온 세 선비 엄성(嚴誠), 반정균(潘庭筠), 육비(陸飛)와 교우하다. 3월 11일 북경을 떠나 5월 2일 고향집으로 돌아오다. 귀국 후 북경에서 항주의 벗들과 나눈 필담과 편지를 정리하여 『간정동 필담』(乾淨衕筆談)을 엮다. 북경 여행에 대한 기록은 이후 한문본인 『연기』(燕記)와 한글본인 『을병연행록』으로 정리되다.

1767년(영조 43), 37세 — 부친상을 당하자 과거를 단념하고 부친의 시묘살이를 하다. 한편 홍대용의 북경 여행과 중국인 벗들과의 교우에 대해 비난한 김종후(金鍾厚)와 편지로 논쟁을 벌이다.

1768년(영조 44), 38세 — 부친의 묘소를 지키며 고향의 학생들을 가르치다. 이때 학생들을 위해 독서와 공부에 관한 「독서부결」(讀書符訣)을 쓰다. 중국의 벗 엄성이 사망했다는 소식을 듣고 조문을 지어 보내다.

1770년(영조 46), 40세   — 부친의 삼년상을 마치고 가을에 금강산을 여행하다.
1772년(영조 48), 42세   — 스승 김원행이 별세하자 제문을 짓다.
1773년(영조 49), 43세   — 『의산문답』(毉山問答)의 저작 연대는 확실히 추정할 수 없으나 이때를 전후하여 지어진 것으로 보인다.
1774년(영조 50), 44세   — 동궁 시절의 정조 임금을 보위하는 '익위사시직'(翊衛司侍直)에 선임되다.
1775년(영조 51), 45세   — 이해 8월까지 17개월간 동궁과 주고받은 말을 일기 형식으로 정리한 『계방일기』(桂坊日記)를 남기다.
1776년(영조 52), 46세   — 정조가 즉위하자 사헌부 감찰(司憲府監察)로 승격되다.
1777년(정조 1), 47세   — 7월에 태인 현감(泰仁縣監)으로 제수되다.
1780년(정조 4), 50세   — 1월에 영천 군수(榮川郡守)로 승진하다. 국가경영론이라고 할 수 있는 『임하경륜』(林下經綸)은 저작 연대가 확실하지 않으나 몇 년간 지방 관리로서의 경험을 바탕으로 저술한 것으로 보인다.
1783년(정조 7), 53세   — 모친의 병을 핑계로 영천 군수를 사직하고 고향으로 돌아오다. 10월 22일 중풍으로 별세하다.
1939년   — 홍대용의 저술을 모아 엮은 『담헌서』(湛軒書)가 간행되다.

작품 원제

진정한 선비

- 자신을 경계하라 —— 자경설(自警說) 017p
- 진정한 선비 —— 증홍백능설(贈洪伯能說) 024p
- 독서의 방법 —— 독서부결(讀書符訣) 027p
- 스승 김원행 —— 제미호김선생문(祭渼湖金先生文) 034p
- 혼천의를 만든 나경적 선생 —— 제나석당문(祭羅石塘文) 036p
- 악관 연익성 —— 제연익성문(祭延益成文) 039p

왕세손과의 대화 - 계방일기(桂坊日記) 043p

'나'와 동아시아에 대한 새로운 성찰

- 있는 그대로의 중국을 보자 —— 여김직재종후서(與金直齋鍾厚書) 065p
- '오랑캐'에 대하여 —— 우답직재서(又答直齋書) 069p
- 일본도 성인의 나라다 —— 일동조아발(日東藻雅跋) 073p
- 우리나라의 노래 —— 대동풍요서(大東風謠序) 075p
- 금강산이 아니라 바다를 보라 —— 송종제금강산서(送從弟金剛山序) 079p

실학의 모색

- 쓸데없는 연구, 쓸데없는 저술들 —— 여인서이수(與人書二首) 083p
- 숲 아래서의 경륜 —— 임하경륜(林下經綸) 090p
- 천문 기구 혼천의 —— 간정동 필담(乾淨衕筆談) 2월 24일 099p

중국 벗들과의 교류

- 기이한 만남 —— 간정동 필담(乾淨衕筆談) 2월 1일·3일·4일 107p
- 선비의 사귐에 대하여 —— 여육소음비서(與陸篠飮飛書) 120p
- 독서 —— 여철교서(與鐵橋書) 122p

- 10년 만에 도착한 편지 ···· 답주낭재문조서(答朱朗齋文藻書) 129p
- 양명학의 의의 ···· 여소음서(與篠飮書) 137p
- 모든 사상은 마음을 맑게 하고 세상을 구제한다는 점에서 합치한다 ···· 여엄구봉서(與嚴九峰書) 141p
- 이단의 학문에 대하여 ···· 여손용주서(與孫蓉洲書) 143p
- 중국의 세 벗 ···· 간정록후어(乾淨錄後語) 147p

중국 견문기 - 연기(燕記)

- 서양과의 만남 ···· 유포문답(劉鮑問答) 153p
- 관상대 ···· 관상대(觀象臺) 169p
- 북경의 유리창 ···· 유리창(琉璃廠) 172p
- 중국의 시장 ···· 시사(市肆) 174p
- 중국의 기계 제도 ···· 기용(器用) 179p

허자, 의무려산에서 실옹을 만나다 - 의산문답(毉山問答)

찾아보기

| ㄱ |

간의(簡儀) 170
간정동(乾淨衕) 108, 109, 131
『간정동 필담』(乾淨衕筆談) 119, 131
『감구집』(感舊集) 111
강희(康熙) 51, 67, 71, 153, 154, 171
걸익(桀溺) 143, 144
격물치지(格物致知) 137
겸가(蒹葭) 73
겸애(兼愛) 143
경제(景帝) 144, 145
계방(桂坊) 43, 44, 49, 57, 60, 61
고가이슬 155, 158, 166
공관병수(公觀併受) 146
공자(孔子) 24, 45, 66, 73, 78, 84, 85, 88, 127, 139, 143, 144, 190, 193, 194, 213, 224, 229, 230
과자금(瓜子金) 49
관상감(觀象監) 155
관상대(觀象臺) 166, 167, 169~171
〈관상대도〉(觀象臺圖) 166
구봉(九峰) 129, 132, 141, 142
국방 196
국풍(國風) 75, 77
궁리(窮理) 137, 138
금(金)나라 227
금강산 79, 80
기(氣) 56, 205, 206, 212
기잠(起潛) → 육비(陸飛)
기화(氣化) 218, 219

김상헌(金尙憲) 111, 113
김신선(金神仙) 79
김종후(金鍾厚) 68, 72, 89
김평중(金平仲) 109, 111~115, 117, 118

| ㄴ |

나경적(羅景績) 36, 38, 99~101
난공(蘭公) → 반정균(潘庭筠)
노당(魯堂) 73
노자(老子) 143~145, 190
노장 사상 143, 146
『논어』(論語) 46, 47
농수각(籠水閣) 103

| ㄷ |

『대동풍요』(大東風謠) 78
대록(大麓) 73
동복(同福) 38, 99
두남(斗南) 73
등거(藤車) 179
등래(登萊) 111

| ㄹ |

러시아 210, 211

| ㅁ |

마융(馬融) 226
마테오 리치 153, 159
만력(萬曆) 71

| ㅁ |

망원경 167, 168, 186
맹자(孟子) 24, 30, 88, 137, 143
몽골 227
몽충(蒙衝) 182
무왕(武王) 88, 127, 223~225
묵가(墨家) 85
묵자(墨子) 85, 143, 144
문제(文帝) 144, 145
물(物)씨 73, 74
물아(物我) 229
물염정(勿染亭) 37, 99
미자(微子) 224

| ㅂ |

반고(班固) 24
반정균(潘庭均) 110~119, 121, 141, 149
백보등(百步燈) 186
벽옹(辟雍) 223, 224
복희(伏羲), 복희씨(伏羲氏) 221, 225, 226
봉래산(蓬萊山) 79
부교(浮橋) 182
북경(北京) 49~52, 57, 58, 65, 107, 108, 112, 119, 130, 131, 134, 135, 153, 154, 164, 168, 171, 173, 174, 176, 180, 189
『북경진신편람』(北京縉紳便覽) 57
불교 84, 141, 143, 145, 146, 165
불학 148

| ㅅ |

사마천(司馬遷) 24
사명(四明) 73
산해관(山海關) 174
상(商)나라 223~225, 229
서양 37, 38, 99, 103, 153~155, 157 ~159, 161~163, 165, 171, 211, 213, 214
서양인 선교사 168
서장관(書狀官) 49, 119
서호(西湖) 117
석당(石塘) → 나경적(羅景績)
선(禪) 124, 142
선가(禪家) 22, 142, 144
선기옥형(璿璣玉衡) 36, 99, 100
세자익위사(世子翊衛司) 43, 44
소옹(邵雍) 206
소음(篠飮) → 육비(陸飛)
소중화주의(小中華主義) 150, 230
손용주(孫蓉洲) 146
송시열(宋時烈) 100
『수리정온』(數理精蘊) 153
수인씨(燧人氏) 225, 226
수학 83, 84, 87, 153, 155, 162, 165, 196
순(舜), 순(舜)임금 194, 221, 224
『시경』(詩經) 75~78, 85, 196
신농(神農) 221
실옹(實翁) 190, 193, 194, 196~210, 212~216, 218, 223, 229

심학(心學) 144

| ㅇ |

아담 샬 159
안처인(安處仁) 100, 101
애오려(愛吾廬) 135
양각등(羊角燈) 185
양명(陽明) 140
양명학(陽明學) 84, 137, 140, 146, 148
「양생」(養生) 139
「양생주」(養生主) 84
양자(楊子) 143, 144
양지(良知) 84, 85, 137, 139
어병(魚甁) 185
엄성(嚴誠) 33, 110, 111, 113, 114, 117~119, 125, 128, 129, 131~136, 141, 142, 147, 148, 150
역암(力闇) → 엄성(嚴誠)
역외춘추(域外春秋) 230
연익성(延益成) 39
영대(靈臺) 223
오랑캐 65, 67, 69, 71, 73~76, 150, 190, 218, 226, 227, 229, 230
왕양명(王陽明) 84, 85, 89, 137~139, 144, 145, 148, 150
요(堯) 221
요(遼)나라 227
요순(堯舜) 24, 75, 100
용미차(龍尾車) 99
우(禹)임금 43, 223

우주 36, 37, 114, 203, 207, 208, 214, 215, 217, 218, 230
원명원(圓明園) 51, 52
원양(原壤) 143, 144
원중거(元仲擧) 73, 74
원헌(原憲) 127
월식 204
위아론(爲我論) 143
유리창(琉璃廠) 50, 107, 172~174
유소씨(有巢氏) 225, 226
유송령(劉松齡) 155
육비(陸飛) 112, 113, 120, 121, 140, 147
육상산(陸象山) 84, 143, 144, 148
은하(銀河) 216
의무려산(醫巫閭山) 189, 190, 197
이(伊)씨 73, 74
이단(異端) 21, 59, 74, 84, 140, 142~146
일본 73, 74

| ㅈ |

자명종(自鳴鐘) 36, 162, 163
장자(莊子) 84, 89, 139, 140
장재(張載) 214
전당(錢塘) 111
절강(浙江), 절강성(浙江省) 79, 108, 110, 111, 125, 147, 150
정명도(程明道) 44, 45
정양문(正陽門) 108, 109, 156, 172,

174
정이천(程伊川) 44, 45
정자(程子) 44, 85, 88, 194, 196
『제금집』(題襟集) 132
「제물편」(齊物篇) 84, 139
조적등(照賊燈) 186
존현각(尊賢閣) 43
주공(周公) 88, 127, 194, 224, 225
주(周)나라 67, 75, 88, 114, 196, 223, 224, 226, 229, 230
주문조(朱文藻) 129, 136
『주서절요』(朱書節要) 43, 46, 55, 59
주자(朱子) 34, 43, 60, 78, 84, 85, 87, 88, 99, 108, 137, 139, 143, 144, 150, 194, 196
주자학(朱子學) 84, 137, 140, 150
중력 208, 212
중화(中華) 72, 75, 76, 114, 150, 197, 227, 230
지구(地球) 101, 203, 210~214, 216~218, 228, 230
지구설(地球說) 211
진량(陳亮) 143, 144

| ㅊ |

창힐(蒼頡) 226
천구(天球) 101, 170, 210, 223, 224
천기(天機) 74~77
천문(天文) 36, 83, 84, 87, 96, 102, 152, 154, 155, 162~164, 166, 168

~171
천문학(天文學) 153, 154, 196
천상대(天象臺) 153
천승점(天陞店) 109, 131
천정(天頂) 210, 211
천주당 153~155, 159, 166, 168
천체의(天體儀) 171
〈천하여지도〉(天下輿地圖) 156
철교(鐵橋) → 엄성(嚴誠)
『철교집』(鐵橋集) 132, 136
청(淸)나라 51, 53, 65~67, 69~71, 111, 114, 116, 158, 171, 186, 189, 228, 230
추루(秋庫) → 반정균(潘庭筠)
『춘추』(春秋) 85, 174, 175, 196, 229, 230
칠정(七政) 215

| ㅋ |

캄보디아 210, 211

| ㅌ |

태평거(太平車) 179, 180
태호(太湖) 79

| ㅍ |

포우관(鮑友管) 155
필담(筆談) 117, 119, 123, 131, 132, 164

| ㅎ |

하(夏)나라　223, 224

하풍죽로당　120

한(漢)나라　24, 83, 94, 116, 135, 144, 152, 154, 226

할러슈타인　155, 158, 160~164, 167~169

항주(杭州)　62, 64, 65, 70, 111, 117, 130, 147~149

허자　189~192, 194~200, 202~207, 209, 212~216, 218, 229

형화(形化)　219

혼천의(渾天儀)　36~38, 99~103, 162, 166, 170

홍국영(洪國榮)　55

홍명복(洪命福)　155, 156, 158, 161, 162

홍백능(洪伯能)　25, 26

홍억(洪檍)　49, 119

화이론(華夷論)　72, 197, 228, 230

황도(黃道)　101

황제(黃帝)　221

흠천감(欽天監)　153, 158, 169, 170